歴史文化ライブラリー

330

植民地建築紀行

満洲・朝鮮・台湾を歩く

西澤泰彦

吉川弘文館

目　次

植民地建築と建築家——プロローグ

台北、ソウル、大連の風景

昨今、羽田空港の国際化が話題になったが、地方都市在住の私には縁遠い話である。その代わり、日本の地方都市にいても海外旅行は気楽に行けるようになった。韓国、中国、台湾への航空便が、東京や大阪以外の都市からも頻繁に飛ぶようになったおかげだ。そんな気軽さもあり、台北《タイペイ》、ソウル、大連《だいれん》に行っても、外国に行った気がしないことが多い。空港やホテルでは日本語で用が足り、街には日本と同じコンビニがあることも、その一因であり、若者の服装が男女とも、これらの地域と日本とで差異がないのも、一因であろう。

しかし、気の向くまま、ぶらりぶらりと街を歩くと、日本の都市とは違う光景に出合う。たとえば、台北では、かつて城門だった東門から西を見ると、その突き当たりには、高さ六〇《メートル》の塔を持つ赤煉瓦《れんが》の中華民国総統府が見える。ソウルの中心街・世宗路《セジョンノ》に行くと、通りを南から北に望めば、その正面には旧王宮・景福宮の正門である光化門がある。大連の都心には、一〇本の街路が放射状に延びる円形広場がある。いずれも日本に居てはお目にかかれないものである。そんなことに気づくと、買物やグルメだけでなく、街を歩くこと自体が楽しくなる。ガイドブックに載っている店から店への移動が、買物やグルメのプロセスではなく、街を楽しむ行為となる。

さて、そんな気ままな街歩きを台北でするると、赤煉瓦の総統府から西に歩くこと五分、薄緑色のタイルに包まれた中山堂という建物に出くわす。台湾や中国で中山といえば、孫文《そんぶん》のことであり、重要な街路や施設に彼の名前を冠したものが多々ある。台北の中山堂もその一つだが、名前を聞いただけでは、この建物の用途がわからない。実は、この建物は、一九三六年に台北市公会堂として建てられた建物であり、一九九二年に国定古蹟、すなわち台湾政府の指定文化財となり、保存されている。この建物は、当時、台湾総督府による植民地支配のもと、台北市が建設した公会堂であり、規模が大きかったことから、地元では、東京・日比谷公会堂（一九二九年竣工）、名古屋市公会堂（一九三〇年竣工）、大阪市中央公会堂（一九一八年竣工）に次ぐ公会堂であると認識された。その一方、その建設経緯を見れば、この建物は典型的な植民地建築である。

植民地建築という用語

植民地建築という単語は、“colonial architecture”の訳語でもある。ただし、この英単語を使えば、通常は、スペイン、ポルトガル、あるいはイギリス、フランスが、アフリカ、アジア、アメリカに持っていた植民地に建てた建物の総称であり、アメリカでこの単語を使えば通常は、アメリカ合衆国成立以前にヨーロッパから渡ってきた人々が建てた建物を示す。この英単語に日本が支配地に建てた建物を含めることは稀である。

たとえば、世界の建築の歴史を記した“Sir Banister Fletcher's A History of Architecture”は、一八九六年にフレッチャー父子が初版を出して以来、二〇版を重ねる名著であるが、一九世紀後半の日本と韓国を扱った章において、朝鮮銀行本店とソウル駅の二棟のみが日本の植民地建築として紹介されているにすぎない。これは、日本の植民地支配と植民地建築に対する関心の低さをよく示している。

そこで、植民地建築という語句を、“colonial architecture”の訳語としてではなく、日本語の単語として定義すれば、日本の支配下において建てられた建物にも範囲を広げて、外国の支配下にあった地域でその支配に伴って建てられた建物の総称、ということになる。

さて、台北の街歩きでぶらりと訪れた台北市公会堂は、日本の植民地支配が終わった後、歴史の上で重要な役割を果たす。一つは、日本がポツダム宣言を受諾した後、一九四五年一〇月二五日、最後の台湾総督であり日本軍第十方面軍司令官を兼ねていた安藤《あんどう》利吉《りきち》と中華民国台湾省行政長官公署長官で台湾省警備総司令を兼ねた陳儀との間で台湾接収と日本軍降伏に関する文書の調印式（受降式）の会場となったことである。もう一つは、その後、国共内戦の結果、台湾に拠点を移した中国国民党が、一九九二年まで毎年、この建物で党大会を開いたことである。建築の評価に加えて、このような歴史的事実が重なって、この建物は、国定古蹟となった。

つまり、日本の建築の歴史を考えると、現存する中山堂は、典型的な植民地建築であるが、台湾の建築の歴史を考えると、この建物は台湾の近代建築として認識されている。台湾の建築家であり建築史研究にも携わっている李乾朗は、『20世紀台湾建築』（二〇〇一年）という本の中で中山堂が台北市公会堂として、それまでに台湾にはなかった大規模空間を有する建物であることを紹介したうえで、本の表題にあるように台湾の建築として位置づけている。これは、中山堂が台湾の近代建築として認識されていることの現れである。これが、植民地建築の持つ二面性であり、支配を受けた地域における近代建築の持つ二面性である。

近代建築の二面性

ここで、改めて近代建築という語句についても紹介したい。

一九世紀半ば、清・朝鮮・日本は、いずれも欧米列強による帝国主義の世界に引き込まれ、また、列強と衝突した結果、自国の変革を始める。それから一五〇年を経て今日に至るこの三ヵ国の歴史が、実に複雑であったことは周知のことである。そして、教科書に登場するこれら三ヵ国の近代史をより如実に物語っているのが、それぞれの国の近代建築である。

漢字表記される「近代建築」という用語は、“modern architecture”の訳語である。それが単に欧米の建築に対して用いている限り、訳語の域を越えないが、「日本近代建築」「中国近代建築」「韓国近代建築」「台湾近代建築」という使い方を始めたとき、それは訳語としての意味とは異なり、それぞれ独自の意味を持ったことばとしてひとり歩きを始める。

今日、日本では、多年にわたる議論を経て、「幕末以降に建てられた新たな建築」を「日本近代建築」と称することが建築史家の間では了解されている。同様に中国では「アヘン戦争以降に建てられた新たな建築」を「中国近代建築」と称し、韓国でも「開国以降に建てられた新たな建築」を「韓国近代建築」と称している。前出の台湾でも、一九世紀後半、台湾巡撫《じゅんぶ》劉銘伝による近代化政策の開始を始点として、それ以後の建築に対して「台湾近代建築」という用語を使うことが研究者の間では定着している。

しかし、一九世紀半ばから二〇世紀半に至る間、中国ではアヘン戦争を皮切りに列強の侵略に曝され、国土の一部は列強に占領された。特に台湾は、半世紀にわたり日本の植民地となった。韓国は、日本の砲艦外交による開国を契機として、帝国主義が火花を散らす世界に引き込まれ、一九一〇年には日本の植民地になった。両国の人々にとって、この苦難な時期に建てられた建築を近代建築と呼ぶにはまだ抵抗があるのも事実である。

中山堂が持つ二面性は、この時期に建てられた日本の植民地建築に共通することである。そして、それは、時として、これらの建物の取り壊し議論をめぐって噴出する。たとえば、一九九六年、地上から姿を消した旧朝鮮総督府庁舎は、日本による朝鮮半島支配を象徴する建物であったが、それだけでなくこの建物は朝鮮の王宮であった景福宮を破壊して建設したものであり、その露骨な手法には日本人の中からも異を唱えた人がいた。したがって、この建物は、韓国では、不要な建物と判断され続けたのであり、景福宮の復元に合わせたこの建物の取り壊しが提案されたとき、韓国ではそれが圧倒的な支持を得たのである。そして、韓国では、この建物をはじめ、植民地時期に日本人が関わって建てられた建物を「近代建築」の範疇《はんちゅう》に入れるか否かの議論は、二〇世紀末まで、ずっとおこなわれていた。

しかし、朝鮮総督府庁舎は日本の国会議事堂とならんで二〇世紀前半における日本人建築家の能力の到達点を示すものであり、日本の建築の歴史を語るうえで外すことのできない存在であった。また、日本人には希薄な侵略と支配に関する加害者意識を喚起させるためにも必要な存在であった。そこに、東アジア地域の近代史と近代建築のおかれた複雑な状況が存在する。

ところが、二〇世紀の韓国では予期できなかったことが、二一世紀になって起きた。たとえば、旧朝鮮総督府庁舎と同じ時期に建設された旧京城府庁舎は、戦後、長らくソウル市庁舎として使われてきた。そして、ソウル市庁舎が移転すると、ソウル市は庁舎を図書館に転用することを決めたものの、庁舎の老朽化を理由に二〇〇八年、庁舎の大半をいったん取り壊し、復元と称してレプリカを造ることを決め、取り壊しを強行した。これに対して、韓国文化財庁は、建物の文化財指定をおこない、ソウル市による取り壊し工事の阻止を図り、話題を呼んだ。これは、植民地支配の象徴的存在であった建築が文化財の扱いを受けるという二〇世紀の韓国では予期できないことであった。

そのような二面性を持つ建築が日本の植民地建築であり、東アジア地域の近代建築であるが、その担い手となった建築家に目を向けると、彼らの活動範囲が今日よりもはるかにボーダーレスであったことがわかる。私は、彼らのことを「海を渡った建築家」と勝手に呼んでいる（西澤泰彦、一九九六年）。たとえば、朝鮮半島・台湾・中国東北地方には多数の日本人建築家・建築技術者が居を構えて活動していたし、中国各地の租界にはイギリス人建築家をはじめ欧米人建築家も多くいた。しかも、彼らの中には東アジア地域内で居を移しながら活動場所を変えていった人々もいた。

イギリスにおける建築家の団体であるイギリス王立建築家協会（イギリス建築協会として一八三四年設立、Royal Institute of British Architects）が一八八六年から毎年発行していた会員名簿を見ると、第二次世界大戦が終わった一九四五年までに、東アジア地域に居を構えた会員は、正会員（Fellow）だけでも五三人にのぼる。特に、上海や香港など東アジアの拠点都市の経済力が相対的に伸びた第一次世界大戦後にその数が急増している。

もちろん、それは列強による東アジア支配が存在していたためであるが、そのような支配構造が意外な副産物を生み出したといえる。第一世界大戦後、東アジアの経済の中心地となった上海には東アジア一の摩天楼が出現し、フランスがイギリスと覇を競った天津《てんしん》にはヴィスタのあるブールヴァールが建設された。帝政ロシアが都市建設に着手したダーリニー（大連）は東アジア唯一の多心放射状都市となった。その他、列強による東アジア支配の拠点、たとえば、帝政ロシアの拠点となったハルビンやドイツの拠点となった青島《チンタオ》には多数のアール・ヌーヴォー建築が建てられ、日本が支配に乗り出した奉天《ほうてん》（瀋陽《しんよう》）には東アジアで唯一の辰野式建築に囲まれた駅前広場が成立していた。

歴史をめぐる旅

東アジア各地の都市を訪ねてそのような建築を見ることは、建築家の意識の復元を目指す私にとって必要不可欠な行為であった。それは、激動という表現では済まされない一九世紀末から二〇世紀前半の東アジアの歴史に対する認識を深める旅でもあった。

そこで、特に日本人建築家の活動に焦点を当てながら、旅先での想いを含めて、紀行文を記しながら、生々しい植民地建築の持つ意味を改めて考え、同時に、それらの建築を通して一九世紀末からの約半世紀にわたる日本の支配と東アジアの歴史を見つめ直すこととした。旅行は、都市ごとに巡るので、本文も都市ごとに記した方がわかりやすいかもしれないが、日本の支配地の都市については、橋谷弘『帝国日本と植民地都市』(二〇〇四年)や拙著『図説「満洲」都市物語』(二〇〇六年)において示されたことも多いため、ここでは、建築に主眼をおいて、植民地建築の意味を考えることにした。そこで、紀行文とはいいながら、各地の近代建築や植民地建築の特徴が浮き彫りになるように、それらの用途、機能や支配との関係を中心に文章を組み立てることとした。

したがって、「広場と官衙《かんが》」の章では、支配機関そのものが使っていた官衙建築と都市の広場について考えることとした。「駅舎とホテル」の章では、都市の顔となったホテルと駅舎を紹介した。「学校・病院・図書館」の章では、社会施設である学校、病院、図書館を紹介した。「銀行」の章では銀行と商業建築を紹介し、「支配者の住宅」の章では住宅を紹介した。「植民地建築が語る歴史」の章では、植民地建築の存在について考えるべく、特に歴史を示す建物などを紹介した。そして、エピローグとして、植民地建築の戦後と現在について考えることとした。なお、日本人建築家が関わった建物を扱うこととしたが、ハルビンのアール・ヌーヴォー建築など、当時の日本人建築家が注目した建物についても考えることとした。

ところで、これらの建築を巡る旅行は、一九八五年から二〇一〇年に至るまで、四半世紀にわたっておこなったものである。したがって、本文中の建物の中にはすでに取り壊され、あるいは、大幅な増改築を受けた建物もあるので、特に二〇世紀に撮影した写真には撮影時期を付した。また、多くの建物は一般的な見学を認めていない場合が多く、さらに、街路や広場に面していない建物は、その外観を見ることも難しいことがあることも併せてご理解いただきたい。なお、地名について、歴史的事象を紹介する部分では、当時の地名表記を使い、建物の現状を紹介する部分では現在の地名表記とした。また、原則として引用文中の旧字は現在の常用漢字に修正し、引用文などの出典については、著者名と発行年のみ本文中に示し、書誌情報は参考文献で示すこととした。

広場と官衙

日本の都市には人々の集う広場が少ない。駅前広場と称する広場があるが、そこは、交通の要所として、バスやタクシー、自家用車の乗降場であることが多く、人々が集う場所ではない。選挙の時、候補者を乗せた選挙カーが駅前広場に停まって、候補者が演説することがよくあるが、聴衆は居場所がなく、結局、歩道にあふれてしまう。日本の広場を象徴する光景である。

ところが、外国の都市では、人々が集うことのできる広場が多々ある。また、そのような広場は、周囲に建ち並んだ建物によって、都市の中にひとつの空間として存在し、特に都心の広場では、そこに面して重要な役割を持つ建物、特に官衙《かんが》や公共性の高い建物が建っていることが多い。たとえば、ブリュッセルの都心にある広場グラン・プラス（Grand Place）にはブリュッセル市庁舎がそこに面して建っている。北京の天安門《てんあんもん》前広場には国会議事堂に相当する人民大会堂が広場に面して建っている。ここでは、広場とそこに面して建つ官衙や公共性の高い建物に着目して、都市の歴史を考えてみたい。

支配の象徴から文化財へ変身した広場——大連中山広場（旧大連大広場）

海の玄関・大連

最初に訪れるのは、中国東北地方の海の玄関となっている大連《だいれん》である。都市としての大連の起源は、一九世紀末、帝政ロシアがダーリニーという名前の都市を建設したことである。ロシアは、一八九六年、シベリア鉄道の短絡線として、中国東北地方を東西に横切る東清鉄道（中東鉄路、Китайской Восточной Железной Дороги）の敷設権を獲得し、鉄道と松花江《しょうかこう》が交わるところに、拠点都市ハルビンの建設を始めた。さらに、一八九八年に遼東半島南端の租借権《そしゃくけん》を得ると、清の北洋水師（艦隊）の拠点であった旅順《りょじゅん》に太平洋艦隊の艦船を配備し、旅順の東隣にあった青泥窪《チンニーワ》と呼ばれた寒村に新たな商港を持つ都市ダーリニーの建設を始めた。そして、ハルビンから旅順・ダーリニーに東清鉄道の支線を建設し、ダーリニーを東アジアのハブ港とし、欧亜間のモノ・人・情報の流れの支配を目指した。しかし、実際の都市建設は、日露戦争によって頓挫し、街路建設は進んだものの、市街化したのは大連湾に面したごく一部であった。日露戦争中に、ダーリニーは日本軍に占領され、一九〇五年には大連と改名され、その後四〇年間にわたり、日本による中国東北地方支配の拠点となった。

中山広場

大連の都心にある中山広場（図1）は、ダーリニー建設からの約一世紀にわたるこの都市の変化を象徴する場所である。この広場は、建設当初、ニコライフスカヤ広場と呼ばれ、一九〇五年の大連改名時には、大広場と改称され、第二次世界大戦後に中山広場と改称された。ニコライフスカヤのニコライとは、当時の皇帝ニコライ二世であり、中山とは、中国革命の父と呼ばれる孫文の号である。

　中山広場は、当時のロシアの寸法体系で直径七〇〇フード（約二一〇メートル）の円形広場である。広場に面する街区は一〇街区ある。そのうち、九街区には、この地が日本の租借地であった時期に建物が建てられ、そのうちの七棟は、日本の国家機関や日本資本の銀行など、日本による支配と関係のある建物であり、それらはいずれも日本人建築家の設計した建物であった。

　では、この広場に面して最初に建てられた建物、旧大連民政署を振出しに、広場を右回りに一回りしてみよう。

　花旗銀行大連分行として使われている旧大連民政署（図2）は、一九〇八年の竣工である。花旗銀行とは、アメリカ資本のシティ・バンクの中国語名であり、分行とは日本語の支店に相当す

図１　大連中山広場

図２　旧大連民政署

る中国語である。

日露戦争（一九〇四～〇五年）の結果、旅順、大連を含む遼東半島南端部分を租借地とした日本は、一九〇六年、旅順に関東都督府という支配機関をおいた。その際、旅順、大連、金州に民政署という名前の行政機関を設けて、それぞれの地での行政をおこなった。大連民政署はそのひとつであり、大連に市制が実施されるまで、大連の行政機関であった。建物の設計は、当時関東都督府技師であった前田松韻《まえだまつおと》（一八八〇～一九四三）である。

民政署の時計塔をめぐる論争

建物を見て目をひかれるのは、中央の時計塔である。この塔をめぐって、設計者の前田は、大連民政署長の関屋貞三郎《せきやていさぶろう》と論争した。前田は、大学在学中に習ったヨーロッパ諸都市の「タウンホール」を例に取り上げて、建物中央に塔を建てることを主張したが、法律が専門の関屋は「民政署は法律的にタウンホールではない」と主張して塔を建てることに反対した。前田が特に参考にしたのはハンブルク市庁舎（一八九〇年設計競技、一八九七年起工、一九〇六年竣工）やベルギー・ゲントのギルドホールである。二人の論争は、法律家である関屋が法制度の観点から、民政署をタウンホールと区別したのに対して、建築家である前田が都市における建物の役割や建築形態の観点から、民政署とタウンホールを同一視し、塔の設置を主張したことである。結局、前田の主張が認められ、中央に時計塔が建てられた（前田松韻「満洲行雑記」『満州建築雑誌』二三巻一号、一九四三年一月）。

両者の主張はいずれも正しいが、いずれも完ぺきではない。関屋の主張は、塔を建てる根拠について前田がタウンホールと民政署庁舎を同一視したことを法的に否定しただけであり、塔を建てる是非を論じたものではない。一方、前田は、民政署庁舎に塔を建てる根拠を問われて、ヨーロッパの市庁舎を例に挙げたが、前田は、ヨーロッパの市役所が成立した歴史的経緯を理解していたわけではなく、市役所を単に行政機関として、その庁舎は市街地の中心に建てられる、という状況のみを理解していた。関屋の反駁は、前田の無理解を指摘したものであるといえよう。もし、前田が、民政署も市役所も官衙として市街地の中心に建てられる建物であることを根拠に、「左右対称で中央と両端部分を強調する意匠が官衙設計の常道である」と主張すれば、関屋の反駁は起きなかったであろう。

旧朝鮮銀行大連支店

花旗銀行大連分行の次は、中国工商銀行大連中山広場支行として使われている旧朝鮮銀行大連支店の建物である。建物は、一九二〇年の竣工で、設計は、当時、京城《けいじょう》（現、ソウル）と大連に建築事務所を構えていた中村《なかむら》與《よ》資平《しへい》である。建物は、鉄骨煉《れん》瓦《が》造三階建、正面に五本のコリント式オーダーの円柱を並べている。これら五本の円柱は、中国東北地方でもっとも美しい列柱である。

旧関東逓信局

その次は、大連市郵政局である。この建物は、関東逓信局《かんとうていしんきょく》として一九一七年に建てられた建物である。設計は、前田松韻の後任として一九〇八年に関東都督府技師となった松室重光《まつむろしげみつ》（一八七三〜一九三七）である。

旧横浜正金銀行大連支店

その次は、中国銀行遼寧省分行営業部として使われている旧横浜正金銀行《よこはましょうきんぎんこう》大連支店の建物である。一九〇九年に竣工したこの建物は、広場に面して二番目に建てられた建物である。設計は、満鉄本社建築係で技師を務めていた太田《おおた》毅《つよし》（一八七六〜一九一一）が作成した設計案を横浜正金銀行本店（一九〇四年竣工）の設計者である妻《つま》木頼黄《きよりなか》が確認、決定するという方法でおこなわれた。太田は、一九〇七年の満鉄入社までは、司法兼大蔵技師として、妻木の部下であった。

建物は、煉瓦造二階建で、外壁に薄いクリーム色の化粧煉瓦を貼り、内部は中央に位置した営業室の上部を吹き抜けとした典型的な銀行建築の平面であった。一九九〇年代まで、その姿は往時の姿を留めていた。ところが、その後、中国銀行は、この建物の背面にあたる北側に超高層建築の新館を建設し、銀行業務のほとんどを新館に移動。広場に面した旧横浜正金銀行大連支店部分は、外壁と屋根を残して、内部は全体を新館部分の玄関ホールとして改修され、アメリカ製の金庫の扉が、記念物として保存されている。

人民文化倶楽部

その次は、大連市人民文化倶楽部である。広場に面する敷地の中で、最後まで空地となっていた場所で、建物が建てられたのは一九五〇年のことである。人民文化倶楽部とは、日本でいえば、文化会館とか市民ホールという類の建物であり、この建物には一四〇〇席のホールが設けられている。ところが、現在の正面は、一九五〇年竣工時の正面ではない。一九九〇年に大連市政府は、広場に面する建物を大連市の代表的景観を構成する要素として、保存・再生の指導をおこなってきた。その結果、この建物の外壁を周囲の建物の外壁に合わせる目的で改修し、ペディメントと円柱の並ぶ現在の外観となった。

旧大清銀行大連支店

次は、かつての大清銀行大連支店で、戦後は永らく大連市教育局が使用していたが、現在は再び銀行に戻って、中信実業銀行が使っている。大清銀行は、清の戸部（大蔵省）が設立した銀行で、この大連分行の竣工は、一九一〇年であり、広場に面して三番目に建てられた建物である。

旧東洋拓殖大連支店

その次は、旧東洋《とうよう》拓殖《たくしょく》大連支店（図3）、現在の交通銀行大連市分行である。鉄筋コンクリート造五階建てで一九三六年竣工。設

図3　旧東洋拓殖大連支店

計は宗像主一《むなかたしゅいち》（一八九三～一九六五）、施工は清水組（現、清水建設）である。一階にはアーチ窓を廻らし、最上階の下にコーニスを廻して立面全体を三分する手法は一九世紀後半のアメリカにおいて商業ビルに見られるもので、日本では、大正時代の末から流行する。ところが、日本国内では、一九三〇年前後、そのような建物の外壁に茶色や茶褐色のタイルを貼ることが多かった。それに対して、この建物では、明るいクリーム色のタイルが貼られた。その明るさは、都市の広場に面した建物の外壁にふさわしい扱いであろう。

設計者の宗像主一は、旧朝鮮銀行大連支店を設計した中村與資平の弟子である。当時、京城（ソウル）に建築事務所を開設していた中村は、朝鮮銀行本店の工事に関わった経緯から、大連に一九一七年、出張所を開設する。宗像は、一九一九年東京帝国大学建築学科を卒業すると、中村建築事務所の大連出張所に入所した。その後、宗像は、中村の日本帰国による出張所の閉鎖に伴い、一九二二年には、その出張所を譲り受けて中村宗像建築事務所を開設した。

旧大連市役所

その隣は、旧大連市役所である。一九九〇年代後半まで大連市労働局などの機関が使っていたが、現在は中国工商銀行大連市分行になっている。建物の竣工は一九一九年、設計は旧関東逓信局と同じ松室重光である。松室は、一八九七年東京帝国大学建築学科を卒業し、翌年から京都府技師として京都に赴任、京都武徳殿《ぶとくでん》や京都府庁などを設計した。その後、彼は、九州鉄道株式会社の技師を経て、一九〇八年から関東都督府技師になった。大連

図4　唐破風の付く旧大連市役所玄関

民政署を設計した後に東京高等工業学校教授となって帰国した前田松韻の後任である。

この建物には和風の意匠が所々に見られる。たとえば、京都の祇園祭に使われる山《だ》車《し》を模したといわれる塔、正面玄関上の唐《から》破《は》風《ふ》（図4）、側面入り口上の千鳥破風、さらに柱を見上げていくと柱頭には日本の社寺建築に見られる組物《くみもの》がのっている。いずれも松室が京都府技師を務めていたことの影響だといわれる。

旧大連ヤマトホテル

その隣は、大連賓館と呼ばれるホテルである。一九一四年、満鉄直営の大連ヤマトホテルとして竣工した建物であり、奉天《ほうてん》駅とともに、満鉄が建設した代表的な建物である。設計は当時の満鉄の建築組織の総帥であった小野木孝治《おのぎたかはる》とナンバー・ツーであった太田毅とされる。小野木と太田の関係は、単なる上司と部下ではなく、小野木が太田の妹と結婚したため、両者は年齢の逆転した義兄弟であった。現在、この建物は、中国政府の「全国文物保護単位」、すなわち、国指定文化財の扱いを受けている。

旧イギリス領事館

最後は、かつてイギリス領事館があった敷地である。旧イギリス領事館は一九八〇年代から九〇年代にかけて幼稚園として利用されていたが、二一世紀に入り、建物は取り壊され、跡地には新しい銀行の建物が建てられた。

設計者の人間関係

さて、広場をぐるりと一回りして気づくことは多々あるが、特に次の二点を記したい。一つは、設計者の人間関係である。関東都督府技師だった松室重光は、広場をはさんで向かい合う大連市役所と関東逓信局の二つの建物を設計した。また、満鉄所属の建築家であった太田毅は、満鉄の上司にあたる小野木とともに大連ヤマトホテルを設計し、かつての上司であった妻木頼黄とともに横浜正金銀行大連支店を設計した。これら二つの建物も円形広場に面して向かい合って立っている。また、東洋拓殖大連支店を設計した宗像主一は、朝鮮銀行大連支店を設計した中村與資平の弟子であり、この二つの建物も向かい合って建っている。このように、一人の建築家が広場に面した向かい合う建物の設計に関わるというのは、建築家として好運であり、また弟子が師匠の設計した建物と向かい合う場所に建つ建物を設計することも感慨深いものがあったと推察できる。

支配の象徴から文化財へ

二つ目は、これらの建物の歴史についてである。この広場に面する建物一〇棟のうち、七棟は、二〇世紀前半に大連を支配した日本に関わりのある建物である。それらは、いわば、大連のその時代を象徴する建物であり、それらが建ち並ぶ広場もまた、日本の支配を象徴する場であった。少なくとも、一九八五年に初めてこの広場を訪れた私には、これら七棟の建物が往時と同じ姿で存在していたことを目の当たりにして、この広場が日本による大連支配を後世に伝える場として存在していると感じた。ところが、それから約四半世紀後、二〇〇九年にこの広場を訪れて見た光景は違っていた。支配の象徴である七棟の建物は、いずれも文化財としての扱いを受け、後方に高層建築を増築し、あるいは内部を改修しながらも、外観を維持して保存、再生された。また、広場も樹木を植えかえながらも市民が自由に集うことのできる広場に改修され、利用されていた。かつて、支配の象徴として存在していた建物が取り壊されることなく、保存、再生されている事実は、これらの建物の存在が、単なる過去の侵略、支配の遺物という存在だけでなく、現在の大連における都市再開発の重要な資産として存在していることを示していよう。

二倍になった塔屋――中華民国総統府（旧台湾総督府庁舎）

大連《だいれん》で円形広場の持つ妙味を実感しながら、植民地建築の意味を考え始めると、ぜひ見てみたい建物が台北にある。中華民国総統府（図5）である。建

中華民国総統府

物は、台北の中心地を南北に貫く幹線道路である重慶路に面して建っている。重慶路は、かつて、日本の植民地時代には本町と呼ばれ、その時期から今日に至るまで台北の中心街である。この重慶路には、総統府の北側に台湾銀行総行、南側に司法大廈（台湾高等法院）が、総統府と同様に正面を東に向けて建っており、この地は台湾の中枢である。その中央に位置する総統府は、かつて、台湾総督府庁舎として一九一九年に竣工した建物であり、竣工以来、一九四五年に至るまで、日本による台湾支配の象徴として君臨した建物である。その後、日本の敗戦とともに、中華民国台湾省行政長官公署の管理下になり、さらに、中国共産党との内戦に敗れた中国国民党が本拠を

図５　旧台湾総督府庁舎（中華民国総統府）

台湾に移すと、この建物は、中華民国行政院、そして、中華民国総統府となって、今日に至っている。総統とは大統領を意味する中国語である。

総統府は大統領府に相当する建物であるため、警備が厳しいのは当然だが、最近では、玄関部分を常時、一般公開するほか、年に数回、建物の一階から三階部分を公開している。公開日は総統府のホームページにも載っている。その公開に合わせてこの建物に入った筆者の体験を交えて、この建物を解題してみたい。

まず、建物の正面に立って、外観を眺めたい。正面は、左右対称で、中央と左右に玄関を張り出して設け、中央に高塔を建てている。左右の張り出しの軒にはペディメントが付けられ、また、玄関や塔には二本の円柱を並べて一対としたカップルド・カラムが用いられている。この構成や意匠はバロック建築に由来する構成であるので、この建物をバロック建築と説明している本も多い。ところが、ヨーロッパのバロック建築やその再興であるネオ・バロック建築の多くは、外壁に石が貼られているのに対して、この建物の外壁は、赤煉瓦を主体に、開口部周りなどに白色の石材などを配した外観になっている。このような様式は、日本では明治時代を代表する建築家として名高い辰野金《たつのきん》吾《ご》が二〇世紀になってから好んで用いたことから、後に「辰野式」と呼ばれる様式である。このような赤煉瓦を地とし、白色の部材を図として配する外観は、一九世紀のイギリスで流行したクィーン・アン様式を基調としたものであり、「辰野式」では、そこに古典建築の要素であるペディメントや円柱を付して建物を飾っていく。これをフリー・クラシックと呼ぶ。

辰野式とクィーン・アン様式

「辰野式」の典型例は、一九一四年に竣工した東京駅である。ただし、「辰野式」とクィーン・アン様式との違いは、建物の飾り立て方や周囲の建物との関係である。たとえば、東京駅は、左右対称の正面を持ち、中央部の皇室専用玄関と端部に設けられた集改札口ホールを手前に張り出し、ドームを架けて強調している。あるいは、日本銀行名古屋支店（一九一〇年竣工）では、両端部のみを張り出し、ペディメントを付して強調する手法もあれば、日本生命九州支店（一九〇九年竣工）のように敷地が角地であれば、建物の角にドームを架ける場合もある。これらの手法は、いずれも市街地にあって建物が周囲よりも際立つことをねらっている。

これに対してクィーン・アン様式は、市街地に溶け込むように外観がつくられ、建物の中央部や端部に目立つような高い塔を建てるとか、ドームを架けるということはしない。なぜなら、クィーン・アン様式は、市街地に建てられる事務所建築や店舗、集合住宅が混在した「町場の建築」に用いられることが多く、そこでは、当然、周囲の建物と街並みへの配慮が求められるので、その建物だけが目立つようにはならないのである。

際立つ建物

そのようなことを考えると、この総統府は、東京駅以上に、市街地の中で目立っている。その原因の一つは高さ六〇メートルに達する塔の存在であり、もうひとつの原因は周囲の建物との関係である。

塔の話は長くなるので、二つ目の理由を先に考えてみよう。現在、総統府と重慶路をはさんだ西側には、さまざまな行事・儀式をおこない、また、市街地警備の車両を多数停めておくことのできる広場が設けられている。この広場には、戦前には台湾総督府民政長官邸と度衡量所と呼ばれた役所があったが、戦後、撤去され、いわゆる総統府前広場となった。そして、その中央を総統府正面からかつての台北城東門に向って総統府路（現、凱達格蘭大道）と呼ばれる両側一〇車線の広幅員道路が抜けたため、総統府の建物は、旧台北城東門からよく見えるようになった。さらに、現在の凱達格蘭大道の北側には二二八公園（旧台北公園）と台北賓館（旧台湾総督官邸）があり、二二八公園と凱達格蘭大道をはさんで南側には介寿公園があるため、この地区には総統府を見下ろすような高層建築が建っていない。もちろん、戒厳令下では総統府の安全確保のため、その周囲に高層建築を認めなかったことも重なり、総統府の塔はこの地区では抜きん出て高く、目立った存在である。また、建物を正面から見たとき、軒高二五メートル、間口一二九メートルにも及ぶ巨大な壁面は、周囲の建物の壁面に比べて極端に大きく、圧倒的な存在感を持っている。一〇車線の凱達格蘭大道は、その存在感をより高める演出をしている。

そのように外観を眺めていて、次に気づくことは、建物の周囲にベランダが廻っていることである。バロック建築では、たとえば、ルーブル美術館（宮殿）の東面に見られるように円柱を並べたロッジアと呼ばれる吹き放しの場所が設けられることがよくある。総統府のベランダも、見方によってはバロック建築のロッジアに似ている。しかし、ベランダとロッジアの決定的な違いは、ベランダが南アジア、東南アジアに来航したヨーロッパ人たちが高温多湿な気候に適応するため、現地の住宅を参考に自分たちの住宅に取り入れて成立したものであり、昼間の生活空間として、そこに面する部屋から直接出入りできるようになっているのに対して、ロッジアは建物の立面構成の上で、円柱を多数並べた列柱を際立たせる効果を第一義的に考えて造られ、そこに面する部屋から直接出入りするような平面構成にはなっていないことが多い。

そこで、もう一度、総統府の建物の周囲に廻る吹き放しを見ると、二つのことに気づく。ひとつは、吹き放しに面する部屋から直接出入りできるような平面構成になっていることであり、これは、ベランダの特徴そのものである。もうひとつは建物の北側には吹き放しがないことであり、これは、この吹き放しが、日射に関係したものであること、すなわちベランダ成立の主因であった強い日射を遮る存在であり、そのため、その必要のない建物の北側には設けられていないと解釈できよう。

とはいうものの、建物の正面を見れば、規模の小さなベランダ・コロニアル建築のベランダとは大違いで、ベランダの前面に二層分を貫く赤煉瓦貼りの柱が立ち並ぶ姿は、ベランダをロッジアに見立てた設計といえよう。

内部の特徴

建物の外観を見るのに時間を費やしたので、このあたりで中に入ることにするが、車寄せで一興なのは、車寄せに立って振り返ると、凱達格蘭大道の延長線上に、台湾自慢の超高層ビル Taipei 101 が見えることである。

総統府庁舎の玄関は、車寄せを上がったので二階にある。玄関の正面には三層吹き抜けのホールがある（図6）。天井の中央には天窓があるので、昼間のホールは明るい。ホール正面には中華民国の「国父」と呼ばれる孫文の胸像がある。その胸像の脇を抜けて三階に上がると、ホールの吹き抜けは廊下に囲まれていることがわかる。この廊下を西側、すなわち玄関方向に戻れば、そこには「台湾晴庁」と名づけられた部屋がある。ここは、かつての総督公室と呼ばれた部屋で、台湾総督が賓客と会見した部屋である。その機能は今も同じで、総統が内外の賓客と会見する場

図6　総統府庁舎の中央ホール

となっている。

ホール吹き抜けの西側には、大会議室がある。壁面や天井の形態は、台湾総督府庁舎の時と同じであるが、演壇や壁面の仕上げは大きく変わっている。現在の演壇は、床の上に間口六《メートル》、奥行三《メートル》程度の長方形の台を置いたものだが、かつては、中央部分が手前に円弧状に張り出し、演壇の袖は大会議室両側の壁まで続いていた。また、演壇後方の壁は、現在は何の変哲もない平板の壁で、柱型を縁取りして、装飾としている。しかし、かつてこの建物が台湾総督府庁舎として建てられたとき、この壁の中央部分、すなわち縁取りされた柱型の間の壁は現状よりも二《メートル》ほど後方にあり、さらにその壁の後方に小さな部屋が設けられていた。この部屋は、御真影室で、御真影と呼ばれる天皇の写真を保管していた。また、現在は縁取りされているだけの柱型の位置には、円柱と角柱からなる一対の柱が、それぞれ左右に立ち、その間にはアーチが架かっていた。

御真影が大会議室の演壇後方に保管されたのは、台湾総督の官職と役割に依拠している。台湾総督は、天皇が自ら親しく任命する親任官という官職であり、天皇から一任されるかたちで、台湾の統治（支配）者として君臨した。この大会議室は、台湾総督府の施政に関わる重要な会議が開かれた場であり、そこでは、台湾総督が天皇の代理者として会議を主宰し、決定を下す。天皇の写真である御真影は、日本に居る天皇の代わりであり、そのため、この大会議室に面した場所に保管された。

総統府庁舎の一般公開では、最後に一階に下りて、展示室を見ることになる。ここには、台湾総督府から現在の中華民国総統府にいたる歴史事象の展示とこの建物に関する展示がおこなわれている。興味を引くのは、日本の植民地支配機関であった台湾総督府と朝鮮総督府の比較であり、それは、両者を単に植民地支配機関として比較するのではなく、その庁舎を比較していることだ。これは、台湾の近代建築史に詳しい黄俊銘・中原大学教授の発案で、彼は、両庁舎の平面と規模が酷似していることに着目し、外観や内観の写真と平面図を展示している。日本では見ることのできない展示であり、必見に値する。

この展示を見ると、どうしてもこの建物の建設経緯が気になる。そこで、建設経緯に目を向けてみたい。そして、先ほど後回しにした塔の高さについて考えてみたい。

日本初の設計懸賞募集

この建物が台湾総督府庁舎として竣工したのは一九一九年三月のことであり、台湾総督府が軍事占領の機関から植民地支配機関へ衣替えされた一八九六年から二三年後であった。この間、台湾総督府は、かつて清の地方機関であった台湾布政使司衙門の建物を転用していた。この建物は、一八八八年に建てられた平屋建の建物であり、門を入ると、中庭に面した四棟の建物から構成される四合院《しごういん》形式を基本とし、そこに布政使司の中心となる工科や兵科など六つの科の執務室が置かれた。敷地は、台北城内の西門近くであり、淡水河沿いに形成された当時の繁華街と台北城の両方に睨みを利かすにはいい位置であった。しかし、建物は、平屋建の四合院であるから、台湾総督府の庁舎としては手狭であった。

台湾総督府がその庁舎の新築を公式に表明したのは、一九〇七年五月二七日のことであった。この日、台湾総督府は、総督府庁舎の新築設計を懸賞募集で進めるため、その募集要項を公表し、その募集要項は、建築学会（日本建築学会の前身）の機関誌『建築雑誌』に掲載された。この懸賞募集（設計競技）は、日本において、全国規模で最初に開催された実施設計を伴う懸賞募集であった（近江栄、一九八六年）。その方法は、第一次募集の審査で選ばれた一〇人以内の案に対して第二次募集をおこない、二次募集では三人以内を当選者とする二段階方式の募集であった。第二次募集では、設計案がそのまま施工されることを前提とした募集であることが示された。

このような募集要項に従って、懸賞募集は進められた。第一次募集は一九〇七年一一月三〇日に締め切られ、二八人の応募があり、審査の結果、七人が当選者となった。彼らは、引き続きおこなわれた第二次募集に応募し、審査の結果、長野宇平治の案が乙当選、片岡安の案が丙当選、となった。募集要項では、第二次募集の当選者は甲乙丙の三人以内とされ、その賞金は、甲が三万円、乙が一万五〇〇〇円、丙が五〇〇〇円と示されていたが、審査結果では、最高賞金の甲は選ばれなかった。

設計競技終了後、台湾総督府営繕課は実施設計に取り掛かった。そして、庁舎新築工事は、一

図７　台湾総督府庁舎の上棟式
（『台湾総督府庁舎上棟式大正四年六月廿五日』）

九一二年六月一日地鎮祭をおこなって実質的に起工し、三年後の一九一五年六月二五日に上棟（図７）、それから四年後の一九一九年三月に竣工した。その竣工した庁舎と設計競技における長野案を比べると、赤煉瓦の壁体を地とし、開口部周りや胴蛇腹に相当する部分に白色の部材を図として置くという手法は似ている。また、左右対称で中央に車寄せを張り出し、塔を建てて中央部分を強調するという「辰野式」の基本形も類似している。大きく違うのは、正面中央に立つ塔の扱い、正面中央部と両端部の扱い、外壁の詳細な意匠の三点である。

設計案より高くなった塔

塔の扱いについて、長野案では、建物の三層分程度の高さの塔が、正面中央の壁面の延長上に建ちあがっている。ところが、実際の庁舎では、この塔が高くなり、地上から頂部までの高さが六〇メートル《メートル》にもなった。しかも、実際の庁舎では、長野案に比べて塔は後方に退いた位置にある。正面中央部と両端部の扱いについて、長野案では、正面の両端部は他の外壁に比べて後退しているのに対し、実際の庁舎では、両端部の外壁が手前に張り出し、しかも、軒にはペディメントが付き、方形屋根が架かっている。これは、明らかに建物正面において両端部を強調する意匠である。また、外壁の詳細な意匠について、実際の庁舎では、四階に廻る連続アーチに白色の部材を用いてその存在を強調し、さらにアーチの間の壁面の手前にカップルド・コラムを並べている。また、壁面にも白い帯を多用し、さらに、車寄せや両翼の開口部に円柱を立て、全体として長野案より華やかである。

結局、長野案と実際の庁舎は、「似て非なるもの」という表現がふさわしいほど、似ている部分と違っている部分が混在している。すなわち、実際の庁舎は、「辰野式」を基調とすること、正面中央に塔を立てたことの二点は、長野案に沿いながら、長野案にはなかったペディメントを付加して正面両端部を強調する「辰野式」本来の外観になった。そうなると、長野案で示された塔は、建物本体に比べて低く、建物の正面両端の強調度合いと塔による中央部の強調とのバランスを考えたとき、塔の存在感が低くなり、その問題解決策として、実際の庁舎では塔を高くした、と考えられよう。言い方を変えれば、塔が高くなった実際の庁舎の方が、設計競技で乙賞となった長野案に比べて、その外観におけるプロポーションは良くなったといえよう。さらにいえば、長野案が甲賞でなく、乙賞であった所以《ゆえん》はこのあたりにあり、実施設計案が設計競技に提出されれば、それが甲賞であったといえよう。しかし、これは結果論であり、最初から実施設計案があったわけではなく、あくまでも長野案があったからこそ、それよりも質の高い実施設計案ができあがったといえよう。

設計を実施した担当者

では、実施設計をおこなったのは誰であるのか。当時の台湾総督府営繕課には、課長の野村一郎の下に、技師として近藤十郎、中栄徹郎、森山松之助、という人物がいた。前出の黄俊銘教授は台湾総督府の公文書を手掛かりに、実施設計の担当者が森山松之助であることを解明した（黄俊銘、二〇〇四年）。ところが、課長を務めていた野村は、一九一四年、台湾総督府を退職した後、朝鮮総督府庁舎の実施設計に関わることになるが、その経緯について、朝鮮総督府建築課長を務めた岩井長三郎が記した「新庁舎の計画」（『朝鮮と建築』五巻五号、一九二六年）に「元台湾総督府技師であった野村一郎を、台湾総督府庁舎の実施設計に就て経験あるの故を以て嘱託することになりました」と記され、野村が台湾総督府庁舎の実施設計に関与していた旨が示されていた。したがって、森山が実施設計を担当し、最終的な責任を課長である野村が負った、というのが妥当な解釈である。

文化遺産となる総督府

最後に、わざわざ、大連から台北に飛んで中華民国総統府、旧台湾総督府庁舎を見た意味を記したい。この建物の戦前、戦後の歩みは、この節の冒頭で記したとおりだが、二一世紀になる直前、新たな歴史が加わった。それは、この建物が文化財として、一九九八年、台湾の「国定古蹟」に指定されたことである。一九四五年まで日本による台湾支配の象徴的存在として君臨したこの建物は、国共内戦に敗れた中国国民党政権によって中華民国総統府となり、当時の紙幣や切手の背景に使われ、国民党政権の象徴的存在であった。台湾総督府から中華民国総統府への移り変わりは、この建物が使用者に関係なく政治的権力の象徴的存在であることを示していた。

ところが、選挙で選ばれた李登輝《りとうき》、陳水扁《ちんすいへん》、馬英九《ばえいきゅう》と続く歴代の総統は、この建物の一般開放をおこない、植民地支配の遺物であり政治的権力の象徴という性格の強かったこの建物に、建築遺産、文化遺産という性格を与えた。その過程において、この建物は指定文化財となり、さらに、新たな利用方法の検討がおこなわれている。私は、二〇〇九年八月、文化財建造物に詳しい専門家という扱いで、この建物の屋根に上がる機会を得た。進行中であった屋根工事への助言が目的であり、実際に雨水処理について助言したが、同時に、屋根の上から台北市街地を眺めつつ、植民地建築とは何かという根本的な問題を再考するよい機会を得たと感じた。

シビックセンターとしての庁舎——旧ソウル市庁舎（旧京城府庁舎）

旧京城府庁舎

次は台北からソウルに飛び、取り壊しで物議をかもしたソウル市庁舎の前に立ちたい。ソウル市庁舎（図8）は、二〇〇八年まで、旧京城府庁舎を使っていた。その建物は、一九二六年竣工で、朝鮮総督府によって、当時は、徳壽宮前広場と呼ばれた京城（ソウル）市街地の中心地に建てられた。建物は、鉄筋コンクリート造四階建で、中央に二階分の高さの塔が設けられた。平面は、工事記録が「山字形」平面と記すように、街路に面した部分にコの字形の四階建事務所棟を建て、正面玄関の後方にその事務所棟から京城府協議会用の会議場部分を北へ突き出したものである。延床面積は、二五〇二坪余（約八二五七平方《メートル》）で、同じ時期に竣工した朝鮮総督府庁舎に比べれば小さいが、それ以外、この庁舎より規模の大きな建物は、当時の京城市街地にはなかったといわれる。

図８　解体工事が途中で止まったソウル市庁舎

しかし、注目すべきことは規模だけではなかった。ひとつは、この庁舎が建てられた場所であり、もうひとつはこの庁舎の機能である。

庁舎の敷地は、朝鮮王朝の離宮である徳壽宮の東側に位置した。一九一一年、朝鮮総督府は、朝鮮半島全体の道路整備をおこなうため、第一期治道事業に着手し、後にソウル市街地の新たな骨格となる二本の街路がその対象となった。それは、朝鮮王朝の王宮であった景福宮の正門（光化門）から南に延び、徳壽宮の前を通って南大門に至る街路（太平通）と、徳壽宮を起点として東に延び、京城市街地を東西に貫くかたちになる街路（黄金町通）の二本であった。この二本は、徳壽宮の前でT字路をつくるかたちで交差する。京城府庁舎の敷地は、そのT字路に面する一角であった。すなわち、これら二本の街路整備が進めば、この地は、当時の京城府の都心となるべき場所であった。朝鮮総督府は、そこに京城府の行政を担う府庁舎の敷地を求め、庁舎を建設した。

公衆食堂の設置

この時期の府庁舎とは、現在の感覚では市庁舎である。したがって、行政機関として、各部署の事務室が並ぶ場所もあれば、市民向けの窓口もあり、また、議場もある。その中で注目されたのは、一階に「公衆食堂」と呼ばれた食堂を設けたことと議場である。公衆食堂は、京城府庁の職員のみならず、誰もが使うことのできる食堂であり、庁舎を訪れた人々が気軽に食事ができることを想定していた。それは、府庁舎を単なる行政機関の建物としてではなく、府民（市民）が集うことのできる場として考えられたためである。設計を担当した朝鮮総督府建築課技師の笹慶一は、設計を進めるにあたって視察した大阪市庁舎を参考に公衆食堂を設けた旨を示している（笹慶一「京城府庁建築の大要と其特徴」『朝鮮と建築』五巻一〇号、一九二六年一〇月）。しかし、朝鮮総督府として、公衆食堂を認めた背景には、この府庁舎の位置付けがある。当時、朝鮮総督府建築課長の岩井長三郎は、この地を「京城のシビックセンター」と位置付けていた。したがって、そこに建つ庁舎は、単なる官衙ではなく、市民向けの機能が必要であった。

また、議場は、京城府の諮問機関である京城府協議会の会議場であるが、一九二〇年の制度変更により、協議会員は選挙（納税額を基にした制限選挙）で選ばれることとなり、その会議場も日本国内の市庁舎に設けられた市会議場と同様に傍聴席が設置された。

取り壊しをめぐる騒動

このような庁舎が、竣工から八〇年以上経って、再び注目された。庁舎の取り壊しである。二〇〇八年八月、ソウル市は、突如、庁舎の取り壊し工事を始めた。別の土地にソウル市庁舎が新築されたため、この旧庁舎は、図書館に転用されることが決まっていた。ところが、ソウル市は、建物の老朽化を理由に、庁舎をいったん解体し、外観の似た建物を新築して図書館とする意向であり、そのために庁舎の解体工事を始めた。一方、韓国文化財庁は、二〇〇三年、この建物を国の登録文化財に登録していた。文化財庁としては、建物を維持したまま図書館への転用を要求していた。ソウル市が建物の一部を保存することで両者は合意したかに見えたが、正式に合意に至らないまま、ソウル市は解体工事を強行したため、文化財庁は、職員を現場に派遣して工事を中止させた。事の顚末は、日本の新聞にも報じられた。結局、外壁と塔屋を含む中央部分を残して、解体工事は、一時止まっていたが、旧庁舎の裏庭部分を使って、二〇一〇年から新築工事が始まった。

サッカー・ワールドカップを迎えて

解体されたソウル市庁舎は、典型的な植民地建築である。旧朝鮮総督府庁舎の例に照らし合わせれば、それと同様に解体されても不思議ではなかった。しかし、韓国文化財庁は、この建物を植民地時代の痛みを知る数少ない建築物という理由から、文化財として認識していた。そして、この建物にはもう一つの歴史的事実が重なっていた。旧京城府庁舎が建てられるとき、この敷地の前の交差点は、徳壽宮前広場と称された。しかし、戦後、自動車社会の発展によって、この地はソウルで一二を争う交通量の多い交差点となった。かつて、岩井長三郎が将来のシビックセンターと指摘した状況になったのである。地名としては市庁舎前広場と呼ばれるようになったが、実際は交差点である。それが名実ともに広場となった契機は、二〇〇二年のサッカー・ワールドカップである。この広場に多数のサッカーファンが集まり、市庁舎の正面に設けられた大画面に映し出された韓国代表チームの試合の映像を見ながら、彼ら、彼女らは、「デハンミング（大韓民国）」と叫んで、声援を送った。その熱気は、二〇〇六年にも再現された。植民地支配を知らない世代にとって、この地は、韓国代表チームを応援する市庁舎前広場であり、大画面の架かる市庁舎は、広場をかたちづくる重要な存在であった。これは、植民地建築に新たな歴史が加えられたことを意味し、声援を送るソウル市民にとって、この建物はもはや植民地建築という遺物ではなく、ソウルという都市の資産となっていた。

ソウル市が、いわゆるレプリカ主義の考え方によって景観の維持を主張したのに対して、韓国文化財庁は、視覚的に認識できる状況のみならず景観には時間的蓄積が必要であることを主張した。その背景には、このような事実が存在したのである。だからこそ、文化財庁は取り壊し工事現場に職員を派遣して、工事を中止させたのである。

同様の問題は、二〇〇九年、日本郵政会社による東京中央郵便局の取り壊しでも起きていたが、日本では、郵政担当の総務大臣が現場に行って工事を中止させるまで、工事は続いた。しかも、この事例では、工事現場に足を運んで、工事を中止させた人物は、文化財を所管する省庁の責任者ではなかった。二〇〇九年二月と七月、私はソウル市庁舎前広場に立って、時代の変化と日本の後進性を痛感した。

荒野に建てられた官衙建築

満洲国最初の政府庁舎

次は再び中国に入って、長春に向かう。長春が世界の注目を集めたのは一九三二年のことである。この年の三月、清の最後の皇帝であった溥儀《ふぎ》が執政となり、長春を新京と改名して首都とし、満洲国政府が成立した。実態は、関東軍の傀儡《かいらい》政権であった満洲国政府であったが、政府機構の体裁がつくられ、それに合わせて政府庁舎が必要となった。

長春駅を出ると、南に真直ぐのびる広い街路が目に入る。長春の市街を南北に貫く人民大街（満洲国時代は大同大街、解放後は斯大林大街）である。その街路を南下すると、巨大な円形広場（人民広場、旧大同広場）が出現する。

満洲国政府が最初に建設した庁舎は、この広場に面して建てられた旧満洲国第一庁舎と旧満洲国第二庁舎である。両方の庁舎とも、鉄筋コンクリート造二階建、中央に塔が建つのも同じなら、平面形状も正面の窓割りも同じである。また建設時期もほとんど同じで、旧第一庁舎が一九三二年七月二〇日に起工、一九三三年五月三〇日竣工であるのに対して、旧第二庁舎は一九三二年七月三一日に起工、一九三三年六月一五日に竣工した。

ほぼ同時に建設された二つの庁舎が異なるのは、塔の屋根と建物本体の軒先の処理である。第一庁舎は、単にパラペットを立ち上げただけであるが、第二庁舎ではパラペットの上に本瓦葺きの軒屋根をのせ、塔には本瓦葺きの方形屋根が架かっている。また、第二庁舎では建物の翼部にも方形屋根の架かる小塔がある。

相賀兼介による設計

そのような建設経緯を持つ二棟の建物は、相賀《あいが》兼介《けんすけ》という一人の建築家によって同時に設計された。満洲国政府は、首都の都市建設を進める組織として、国都建設局を設け、政府庁舎の建設をそこに委ねた。一九三二年五月、満鉄社員だった相賀は、国都建設局に設けられる予定になっていた建築組織の責任者として満洲国の首都新京に送り込まれた。この時、満洲国政府は満鉄に対して、政府組織の中で中核となって働く人材を求め、満鉄は一六一名の社員を満洲国政府組織に派遣した。相賀もそのひとりであった。

満洲国国務院は、相賀に政府庁舎二棟、一〇〇人程度を収容する独身宿舎、六〇世帯分の家族住宅の設計を託した。彼は、これらの基本設計を一人で、わずか一ヵ月で仕上げた。ところが、政府庁舎について、彼は、庁舎の外観を一つにまとめることができず、外観の異なる二案をつくり、その決定を国務院会議（閣議）に委ねた。国務院会議の決定は、彼にとって意外にも、異なる二案の実施であった。二案とは、彼の言葉を使えば、「外形的に支那風を表現しそれに近代風を加味し構成したもの」と「総体的に新様式を内面的に東洋風を織り込まんと意図したもの」である（相賀兼介「建国前後の想出」『満洲建築雑誌』二二巻一〇号、一九四二年一〇月）。彼自身は、異なる二案の実施に反対したが、政府庁舎が多数必要になる満洲国政府にとって、二案をそのまま実施するのは当然であった。

このようにして建てられたのが、第一庁舎と第二庁舎である。そして、実際に二棟の庁舎が竣工してみると、日本では批判が起きた。しかし、満洲国政府内部では、塔に中国風瓦屋根の架けられた第二庁舎の様式に人気が集まったものの、第一庁舎が満洲国政府内であからさまに批判されることもなかった。そして、これ以降建てられた満洲国の政府庁舎の外観は、この第二庁舎を基本とした外観が採用されるようになった。中国風瓦屋根の架かった満洲国の官衙《かんが》建築は、この第二庁舎の延長線上にあるのである。

第二次世界大戦後、国共内戦を経て、中華人民共和国が成立すると、第一庁舎は中国共産党長春市委員会として、第二庁舎は長春市公安局として使われることとなった。そして、それから半世紀を経て、中国共産党長春市委員会は建物を建て替えるが、長春市公安局はそのまま建物を使

図9　旧満洲国国務院庁舎

い続けている。結局、相賀の不安は、半世紀を経て現実のものとなったのである。二つの庁舎は一緒に建てられながらも、共存する運命にはなかったのである。

旧満洲国国務院

さて、満洲国政府では、第二庁舎が基本となってその後の庁舎建設が進められた。その代表は、現在、吉林《きつりん》大学白求恩医学部の校舎として使われている旧満洲国国務院庁舎（図9）である。建物は、一九三四年七月一九日に起工し、一九三六年一一月二〇日に竣工した。

　場所は、満洲国が官庁街として建設した旧順天大街（現、新民大街）の北端である。この街路は、皇帝溥儀の新宮廷（宮殿）の前庭を起点とし、真っすぐ南下して安民広場に至る一キロ余の街路である。満洲国政府は、この街路の両側に政府庁舎を建てることで、宮殿と政府庁舎の関係を皇帝とその眼前に居並ぶ文武百官に見立てた。宮殿に一番近い順天大街の北端には、東側が国務院、西側が治安部（軍事部）の庁舎であり、これは、文武百官が並ぶ際に、文官と武官が左右に分かれて並ぶのと同じ並び方である。

では、文官の筆頭に相当する位置にある旧国務院庁舎の前に立ってみよう。正面には、トスカナ式を模した円柱が四本並んだ車寄せがある。中央車寄せの上はバルコニーとなっているが、その手摺りは、清代に多用された欄干と同じ形式である。中央玄関の脇には「奠基」（定礎を意味する中国語）と刻まれた定礎石《ていそせき》が見える。この定礎石は、一九八九年に筆者が見た時には、「奠基」という二文字だけが刻まれていたが、二〇一〇年に訪れた時には、その下に「康徳二年六月」と刻まれ、いずれの字にも朱が塗られていた。

石井達郎による設計

建物の設計を担当したのは、当時の満洲国政府の建築組織であった国務院総務庁需用処営繕科に所属していた石井達郎（一九二九年東大建築学科卒）であった。石井は後に記した「国務院を建てる頃」（『満洲建築雑誌』第二二巻一〇号、一九四二年一〇月）の中で、「凡そ百万位で何か満洲風の外観を持った建物を作れ」という指示のみを受けて、建物の設計をした。

石井は、この要求に対して、建物全体の形態では、両翼を大きく手前に突き出す「闕《けつ》」と呼ばれる故宮など中国の伝統建築に見られる形態を採用し、塔に中国風本瓦葺きの方形屋根を架けるという方法をもって応えた。しかし、建物全体を中国建築の意匠で飾ることはせず、正面中央の車寄せや建物両端部の出入口にトスカナ式のジャイアント・オーダーを並べた。また、建物正面は、腰壁《こしかべ》と軒蛇腹《のきじゃばら》によって低層部（一階）、中層部（中間層、二～四階）、上層部（屋階、五階）に三分割された。これは、西洋建築における三層構成の外観に近い。中央の塔では、各面にそれぞれ四本のトスカナ式円柱を並べ、それが裳階《もこし》を支えている。その上には宝珠の載る方形屋根が架かっている。ちなみに、この塔の高さは、地上から約一四八尺（四四・八メートル）である。

この庁舎より先に竣工した満洲国第二庁舎では、相賀兼介が「外形的に支那風を表現しそれに近代風を加味し構成したもの」として、中国風の屋根や軒屋根を架けたが、相賀の手法と石井の手法は明らかに異なっていた。石井が国務院庁舎で用いた立面を三分割する手法は、西洋建築では、ルネサンス建築やバロック建築をはじめ、よく用いられる手法であった。国務院庁舎の場合、中間層と上層部の間に軒蛇腹が廻るわけではなく、外壁の素材を変えて区別するという簡略的な方法であった。

結局、彼の苦慮は、中国建築の伝統的形態を取り入れながら、それに西洋建築の設計手法を重ね合わせることで解決した。石井が用いた「闕《けつ》」と呼ばれる形態は、故宮に代表される中国建築の伝統的形態のひとつであるが、石井は設計を始める直前の一九三四年正月に北京を旅行し、故宮をつぶさに見ている。これは、石井が旅行前、満洲国総務庁需用処顧問をしていた元満鉄本社建築課長の青木菊治郎から北京では「故宮のみを見学すればよい」と教えられたことによる（石井達郎「国務院を建てる頃」『満洲建築雑誌』二二巻一〇号）。彼が国務院庁舎の設計でこの闕を取り入れたのはむしろ自然の成り行きであった。塔に架けられた方形屋根は、故宮の中和殿の屋根によく似ているが、これも、故宮見学の影響であろう。

新民大街の旧庁舎

さて、旧満洲国国務院庁舎が面する旧順天大街、現在の新民大街には、国務院庁舎と同じ街路の東側に、国務院別館、司法部庁舎が建てられ、街路の西側には、治安部（軍事部）庁舎、経済部庁舎、交通部庁舎が建てられた。そして旧順天大街の終点となる旧安民広場、現・新民広場に面して合同法衙が建てられた。

これらの中で、特異な形態の建物として人の目を惹きつけるのは、旧交通部庁舎、旧司法部庁舎と旧合同法衙である。

旧交通部庁舎は、一九三七年竣工の建物で、現在は吉林大学公共衛生学院が使用している。この建物の特異なところは、切妻屋根《きりづま》の妻側を見せていることである。中国建築では、切妻屋根を架けた場合、その正面は原則として平側である。妻側を正面に見せる切妻屋根は中国建築には見られないので、今日、長春では、この建物は日本建築の風格を持つ建物と扱われることが多い。

ところが、日本建築でも、切妻屋根を架けたとき、妻側に下屋を設けず、妻だけを正面に大きく見せる建築は、出雲大社に代表される大社造と呼ばれる神社建築や、長野県に見られる本棟造と呼ばれる民家にあるが、特定の地域に限定された建築である。

旧合同法衙

次に、旧合同法衙、現在の空軍四六一医院を見てみよう。中央に方形屋根がのっているのは旧国務院庁舎と同じだが、塔の両側には半円形に突き出た階段室がついている。これまで紹介した建物は、いずれもその外観は平面的であったのに対してこの建物は彫塑的である。また、玄関ホールが四層吹き抜けであることも旧満洲国政府庁舎では珍しい。なお、地下にはかつて拘置施設として造られたと見られる小部屋が残っている。

最後に、旧司法部庁舎、現在の吉林大学白求恩医学院本部（図10）を見てみよう。この建物は車寄せと塔が他に比べて目立つ。塔には四面すべてに千鳥破風《ちどりはふ》が付き、旧国務院庁舎の塔と同様に裳階も付いているが、そこにも千鳥破風が付いている。車寄せも正面に千鳥破風を見せている。千鳥破風は、唐《から》破風とともに日本の城郭建築ではよく用いられる意匠であるが、上下に重ねて用いる場合は、その中心軸を左右にずらすのが常道である。また、旧国務院庁舎と比べると、この建物の塔は建物本体に対して大きく、ずんぐりしている印象を見る人に与えている。このような千鳥破風の常道を外した使用方法や相対的に大きな塔があいまって、この建物の外観に対する印象は竣工時から悪かった。この時期、司法部技正（技師）を務めていた牧野正巳は、「頭でっかちな塔屋」「複雑怪奇な塔屋」と、自らの職場でもあるこの建物を批判した（牧野正巳「建国拾年と建築文化」『満洲建築雑誌』二二巻一〇号、一九四二年一〇月）。

図10　旧満洲国司法部庁舎

長春の歴史の証人

さて、ここで紹介した旧満洲国政府庁舎は、すべて、長春市または吉林省によって文化財指定されている。中国政府は、国民党政権の当時から共産党政権の今日に至るまで、満洲国の国家としての存在を認めていないが、一九八〇年代になると、長春市政府や吉林省政府は旧満洲国政府庁舎が存在していることを直視し、それらの建物の特徴を把握し、歴史的、文化的遺産としての扱いを始めた。そして、その結果として文化財指定に至ったのである。旧国務院庁舎の定礎石に、最近になって満洲国の年号が刻まれたことは、建物の特徴を把握することと連動していよう。そして、今、長春市政府は、旧国務院庁舎などの旧満洲国政府庁舎を国の文化財として申請するための準備に入っている。

そして、長春市政府や吉林省政府が、侵略を受けた証しであった旧満洲国政府庁舎を文化財指定するに至った背景には、歴史を冷静に見ることの必要性と建築が歴史を示す存在であることを重視した結果であった（李之吉ほか、二〇〇一年）。

ハルビンに残る帝政ロシアの面影

長春から北へ約三〇〇キロ行くとハルビンに着く。ハルビンは、一九世紀末、帝政ロシアによる中国支配の拠点として建設された都市であり、二〇世紀になってから黒龍江省の中心都市となった。

旧東清鉄道本社

戦前のハルビンを紹介した絵葉書や写真集などを見ると、必ず登場する建物がある。一つは、ハルビンの表玄関であったハルビン駅である。ただし、当時の駅舎はすでになく、一〇年の歳月を費やして巨大な新しい駅舎が一九八九年竣工した。二つ目は、ハルビンにおけるロシア正教会の総本山である中央教会。これは幾多の戦乱をくぐり抜けたものの文化大革命の時、紅衛兵《こうえいへい》によって引き倒されて今はない。もう一つは、東清鉄道本社である。これは、現在、ハルビン鉄路局の局舎として使われている。

図11　旧東清鉄道本社（ハルビン鉄路局）

かつてはスンガリーとも呼ばれた松花江《しょうかこう》の右岸にあるハルビンの中心市街地は、松花江岸の低湿地帯であった道里と道外、河岸段丘面上の南崗に三分される。このうち、南崗はハルビンの行政の中枢地区として行政機関や学校、教会、市場、あるいは東清鉄道の社宅をはじめとした住宅が建設された。ハルビン鉄路局、旧東清鉄道本社は、その南崗の中心に立っている。その前面は、南崗の市街地を南西から北東に貫く大直街であり、二〇一〇年には地下鉄が開通した。

建物の正面に立ってみよう。中央に地上三階・地下一階の建物が一棟（図11）、その両側に地上二階・地下一階の建物が一棟ずつ立っている。両側の建物は中央の建物と二階を走る空中廊で結ばれている。

建物の外壁には花崗岩《かこうがん》の割石が貼られているが、その裏側に隠れている躯体《くたい》は煉瓦造である。この建物を日本に最初に紹介した建築家は三橋四郎（一八六七〜

一九一五）である。彼は、「哈爾賓《ハルビン》建築の奇観」（『建築世界』第六巻第七号）という文章を記し、その中でこの建物を次のように紹介した。

哈爾賓に着いて第一に眼に映ずる大建築は前記哈爾賓停車場である。（中略）第二に眼に映ずるのは東清鉄道の本社で煉瓦造の上にモルタルで石のフェーシングを行つたので規摸（規模の誤記か、筆者注）の宏大なる実に驚くばかりであつて露国が大画策をした名残の建物である。

この当時、三橋四郎は外務省から委託されて中国東北地方に建てられた日本領事館の設計や現場監理に携わっており、ハルビン日本総領事館の現場監理をおこなっていた。

この建物に関する三橋の記述は短いが、建物の外観とそれが与える印象をよく表わしている。「モルタルで石のフェーシング」とは、外壁にモルタルを用いて石を貼ること。フェーシングとは外装のこと、すなわちあの乱積みの外壁のことである。そして、建物全体が与える印象を「規模の宏大なる実に驚くばかり」という。空中廊で結ばれた三棟の建物の正面の総延長は一八〇《メートル》にも及び、建物の前にある毛沢東《もうたくとう》像も、本来なら巨大に見えるはずなのに、この建物の前にあっては小人のようだ。それは、東清鉄道が単なる鉄道会社ではなく、ロシアによる中国東北地方支配のための一大機関であったことを示している。そのため、三橋は「露国が大画策をした名残の建物である」と結ぶのである。

写真集に残る図面

さて、東清鉄道は、自らの建設活動の記録を一冊の写真集に残した。“Альбом сооружений Китайской восточной железной дороги. 1897–1903г.” という写真集で、“Magnificent Album of Views of Construction of Chinese Eastern Railway” という英文タイトルが付記されている。ロシア語を日本語に訳せば『東清鉄道建設写真帖一八九七―一九〇三年』となるが、副題の英文タイトルには、“Magnificent” という形容詞が付されており、東清鉄道が自らの建設事業を記念して壮麗な写真帖を作ったことを意味している。そして、そこには、東清鉄道本社の立面図と建設中の写真が載っている。それと現在の建物を見比べると、少々異なるところがある。玄関を見てみよう。図面は何の変哲もない玄関だが、実際には玄関の建具は、木製のアール・ヌーヴォー式である。さらに、パラペットやいくつかの窓廻り、バルコニーの手摺りにはアール・ヌーヴォー式の装飾が施されている。また、玄関の両側の凸型に突き出た部分の外壁は、図面ではその両脇に付け柱が付いているかの如く描かれているが、実際には付け柱はなく、コーナーストーンが積まれている。

実は、この写真集が取り扱っている一八九七年から一九〇三年の間には、この建物はまだ竣工しておらず、そのために写真集には図面と工事中の写真しか載っていない。建物の竣工は一九〇四年二月だが、翌年、放火によって建物の四分の三が焼失した。現在の建物は、その後、一九〇六年に修復された建物である（劉松茯「建築与文化　中東鉄路局弁公楼（建築と文化　東清鉄道本社社屋）」『新晩報』ハルビン）。したがって、写真集掲載図面と実際の建物には違いが生じているのである。

ところで、ロシア革命以降、中国側はロシアが中国東北地方に有していた数々の利権の回収に乗り出し、東清鉄道も中国とソ連の共同経営となった。さらに満洲国の成立後、一九三五年満洲国によって買収されて、その路線は満鉄の一路線となった。日本の敗戦と満洲国の消滅後、再び中ソ共同経営となったが、一九五二年全ての利権が中国側に譲渡された。この間、約半世紀にわたって、この建物は外国によるハルビン支配の一つの象徴として君臨したのである。

駅舎とホテル

一九世紀後半、世界的な規模で鉄道が発達すると、鉄道建設と経営は列強によるアジア支配に欠かせない事業となった。イギリスによるインド各地での鉄道建設、イギリス、フランス、ドイツ、ベルギー、ロシアによる中国各地での鉄道建設は、それを物語っている。日本が台湾や朝鮮半島を縦貫する鉄道を建設したことや日露戦争の結果として得た南満洲鉄道（満鉄）を経営したことも、それを物語っている。そこで、ここでは、まず、朝鮮鉄道の拠点駅であった旧京城駅、満鉄の拠点駅であった旧奉天《ほうてん》駅と大連《だいれん》駅を訪れて鉄道と駅舎の関係を考えることにする。また、朝鮮鉄道と満鉄はいずれも旅客の利便性を考えて沿線にホテルを開設していた。朝鮮鉄道直営のホテルは残念ながら残っていないが、満鉄の直営ホテルである大連、瀋陽《しんよう》、長春のヤマトホテルはいずれも現存しているので、それらを見ながら、ホテルの果たした役割を考えてみたい。

保存された駅舎

ソウル駅(旧京城駅)

二一世紀になり、世界各地で高速鉄道の運行が盛んになってきた。韓国もそのひとつで、フランス自慢のTGVの技術導入を図って二〇〇四年からKTXという高速鉄道の運行を始めた。その起点となったのは、もちろん、首都ソウルの玄関、ソウル駅である。その時、高速鉄道開業に合わせて、ソウル駅は一新された。巨大なスペースフレームの屋根に覆われたソウル駅が出現し、その屋根の下から、KTXは出発している。ところが、その時、それまで駅舎として使われていたソウル駅は取り壊されず、保存された。しかも、二〇〇九年から修復工事が施され、鉄道関係の展示施設として再生された。

この駅舎(図12)は、韓国が日本の植民地であった時期、京城駅として一九二五年九月三〇日に竣工した建物である。建物の構造は、主要な柱と梁、床、一部の壁を鉄筋コンクリート造とし、

図12　ソウル駅

外周部分を煉瓦造とした混構造である。屋根は山型鋼を組み合わせた鉄骨造の小屋組で、修復工事を指導する京畿大学校教授の安昌模さんの話では、中央のドームには八《や》幡《はた》製《せい》鉄《てつ》所《じょ》（現、新日本製鉄）製の鉄骨が使われているという。中央にドームがのり、正面玄関に大アーチが架かり、外壁に赤煉瓦に似たタイルを貼った姿を、東京駅や大阪中央公会堂に見立てる日本人もいた。当然ながら、ドームの下はホールとなり、その入口には、出札口が左右に並んでいた。ホールを進めば改札口があり、そこを通ってホームを渡る跨《こ》線《せん》橋《きょう》に至る。駅舎の敷地がホームより高いため、改札口を通った旅客は階段を上ることなく跨線橋に至り、それぞれのホームに降り立つことができる。

筆者は、大韓建築士会の招きで訪韓した一九八七年にはこの駅から列車に乗って大邱《テグ》に行った。また、一九九三年には、かつて大学院の同窓だった尹仁石さん（現、成均館大学校教授）に会うため、東大邱駅から特急セマウルに乗ってこの駅に降り立った。いずれも、駅舎の敷地とホームの高低差をうまく使って動線処理をしていたことに感心した。

駅舎の向きをめぐる謎

ところが、この駅舎の正面と市街地の関係を考えると、不思議なことに気づく。この駅舎は、朝鮮王朝の首都として建設された漢城（京城、ソウル）の城壁の外側にあり、南の城門であった南大門から五〇〇㍍ほど南西に位置していた。城壁都市において、過密化した城壁内に土地を確保して駅舎を設けることは容易ではなく、城壁の外側に鉄道の駅が設けられるのは、なんら不思議ではない。城壁のない日本の都市でも、江戸時代に成立していた中心市街地に駅を設けることは難しく、東海道本線の各駅をはじめ、一九世紀末までの駅は、市街地の周辺部に位置していた。ただし、いずれの場合も、駅舎の正面は、それぞれの市街地を向いていた。

しかし、旧京城駅舎は違っていた。駅舎の正面が南大門の方向、すなわち北東を向いていれば、それは、当時の京城市街地に向かって駅舎が建てられたことを意味するが、駅舎は東を正面として建てられた。駅舎の正面は、今では高層ビルが建ち並んでいるが、そこは南山につながる丘であり、その先には、駅舎と同じ時期に建てられた朝鮮神宮があった。つまり、京城駅は、当時の京城市街地に正面を向けず、朝鮮神宮や総督官邸、京城神社の建つ南山の中腹に広がる倭城台を向いていた。

単にこの事実からだけでは、意図的に京城駅が朝鮮神宮の方を向いて建てられた、とは言い難いのだが、次の発言は、京城駅が意図的に東向きになったことを示していよう。それは、建設工事を請け負った清水組（現、清水建設）で当時、京城支店長を務めていた藤井専之助の記した一文である。彼は、「京城の玄関たる京城駅も愈々《いよいよ》竣工を告げまして、本月十三日に、朝鮮神宮の鎮座祭の御勅使をお迎申上げることを使用はじめとして、その翌日から一般の使用に供せられるとのことでありますが、長々仮駅で不便を忍んで居りましたのが、茲《ここ》に東洋第二番の称ある新駅に昇降するを得るのはまことに愉快なことであります。（後略）」（藤井専之助「紺碧の空に聳ゆる新京城駅」『朝鮮と建築』四巻一〇号、一九二五年一〇月）と記した。文中の本月十三日とは、一九二五年一〇月一三日のことで、その二日後、同一五日に朝鮮神宮の鎮座祭がおこなわれている。勅使が一般の使用に先んじて駅舎を使ったことを勘案すると、この駅舎は、やはり、朝鮮神宮を意識して建てられたといえよう。

建設の経緯

ここで、京城駅建設の経緯を見てみよう。一九〇〇年、朝鮮半島最初の鉄道として漢城（京城、ソウル）と開港場である仁川を結ぶ京仁鉄道が開業した。城壁都市である漢城の南大門と西大門の城外に停車場が設けられたが、漢城の表玄関として中心駅となったのは、京仁鉄道の起点駅である西大門駅（停車場）であり、その駅を京城駅と称した。その後、日露戦争中の一九〇五年、釜山（草梁）と京城を結ぶ京釜鉄道が開業すると南大門駅が京城の中心駅となった。また、日露戦争における兵站を担う軍用鉄道として京城から新義州に通じる京義鉄道が建設され、日露戦争後には、京釜鉄道とともに、統監府鉄道管理局の管轄下に入った。そして、一九〇八年に釜山から新義州に至る直通列車が運行されるようになると、南大門駅の重要性が高まり、一九一九年には西大門駅は廃止され、一九二一年には南大門駅を京城駅と称することとなった。しかし、その駅舎は、京仁鉄道開業時の小規模な木造駅舎を増築して使っていたため、手狭となり、一九二二年から新たな京城駅舎の建設が始まった。それが、この駅舎である。

この時、京城駅の東側を通る龍山路は、日本軍が駐屯していた龍山と京城とを結ぶ重要な道路であり、朝鮮総督府にとって、朝鮮半島支配の生命線ともいうべき重要な道路であった。そして、朝鮮総督府は、他の京城市街地の幹線道路とともに市区改正事業によって拡幅、直線化を進めていた。新築される京城駅は、この龍山路を眼前に見る位置でもあった。京城駅の位置は、京釜線の線路と龍山路にはさまれるかたちで、必然的に東を正面としたとも読み取れる。そして、京城駅の新築と龍山路の拡幅は、それらだけで完結する事業ではなく、翌年には、朝鮮総督府庁舎と京城府庁舎が竣工し、また、龍山路に北端に位置する南大門からさらに京城の城壁内に延びる幹線道路の拡幅改修も進められた結果、京城駅から朝鮮総督府庁舎前まで三つの巨大な新築建物と新たな幹線道路によって、京城市街地の景観は一新された。

駅舎の現在

さて、最後にこの駅舎の現況を語りたい。ＫＴＸ開業後は空き家となっていた駅舎だが、韓国文化財庁と文化観光部の協力により、建物そのものを展示品として見せながら文化芸術活動の場を提供することを前提とした再生、活用工事が二〇〇九年から始まった。そして、工事は二〇一一年八月に竣工し、一般公開が始まった。

一九二五年から一九二六年にかけて建設された京城駅、朝鮮総督府庁舎、京城府庁舎という三つの建物は、その後の運命を異にしていた。旧朝鮮総督府庁舎は、韓国政府成立後は政府の中央庁として使われ、いったん、韓国国立中央博物館に転用されたものの、日本の敗戦から五〇年目、一九九五年八月一五日から解体作業が始まり、翌年一一月には地上から姿を消した。

それに対して、旧京城府庁舎は、韓国成立後はソウル市庁舎として二〇〇八年まで使われた。そして、新市庁舎が竣工して市役所が移転すると、この建物はソウル市の新しい図書館として再生される予定であった。ところが、ソウル市庁と韓国文化財庁との思惑の違いから玄関ホールと塔屋、そして道路に面した部分の外壁のみが残された。

それらに比べて、旧京城駅の保存は趣を異にしている。三つの建物はそれぞれ、日本による朝鮮半島支配に大きな役割を果たしたことは明らかである。にもかかわらず、その扱いは大きく異なり、旧京城駅では、建物をそのまま残し、竣工時の状況がよくわかるように、屋外展示品としての保存が図られた。

一九八五年の夏、私は初めてこの駅舎を訪れ、そのホールで建物を見ていた。その時、流暢な日本語で「日本の方ですか。何かお困りですか」と韓国人のお年寄りに声をかけられた。「はい、日本人です。困っているわけではなく、建物を見ているだけです」と答えたら、その方は「この駅は、立派でしょう。いい建物ですよ」と笑顔で語ってくれた。このことで、私は、植民地建築が、植民地支配から脱した時期であっても、その地で存在感を持っていることを思い知らされた。ソウル駅（旧京城駅）の保存、展示は、この建物の持つ歴史と存在感が引き金として生じたことに疑いの余地はない。

辰野式建築の傑作

保存されるソウル駅をあとに、次は、中国東北地方へ向かい、ここからは、満鉄が建設した駅舎とホテルを訪れることにする。

満鉄の駅舎とホテル

満鉄の駅舎とホテルは、満鉄が創業時に力を注いで建設した建物である。満鉄は、特に拠点となる大連・旅順《りょじゅん》・奉天・長春・撫順《ぶじゅん》の五つの駅を「五大停車場」と称し、他の駅と区別していた。大連は満鉄本社のある都市であり、旅順は租借地である関東州の支配機関である関東都督府の置かれた都市である。奉天（瀋陽《しんよう》）は、当時、中国東北地方最大の都市であり、満鉄創業期に相当する清末から辛亥革命を経て、張作霖政権が成立する時期において、この地の中心都市であった。長春は、満鉄本線と東清鉄道との接点に位置し、日露交渉の最前線でもあった。撫順は、満鉄が展開した主要な事業のうちのひとつであった炭坑経営の拠点であり、満鉄のエネルギー供給源となった撫順炭坑のある都市であった。そして、満鉄は、これらの都市に、日本人のみならず欧米人や中国人の大官たちが利用できる国際的水準のホテルを設けることとなった。満鉄にとって、駅舎とホテルの建設は、鉄道事業の展開にとって意味があるばかりでなく、それぞれの都市における経済活動の活性化や都市経営にも大きな意味を持っていた。そこで、ここでは、当時の奉天駅（現、瀋陽南駅）と大連駅、そして、大連、奉天、長春の各ヤマトホテルを訪ねてみる。

旧奉天駅

まず、瀋陽へ向かう。瀋陽は、中国東北地方の陸上交通の要《かなめ》である。北京を発して東北地方へ向かう列車は必ず瀋陽を通る。北に向かえば長春を過ぎてハルビンに達し、さらに満洲里にてシベリア鉄道に連絡し、モスクワ、パリへと線路は続く。南に向かえば東北地方最大の貿易港を持つ大連へ。南東へ向かえば丹東《たんとう》（旧安東）で鴨緑江《おうりよっこう》に達し、対岸の新義州で朝鮮半島に入り平壌へと続く。

瀋陽南駅（旧奉天駅、図13）はそのような交通の要地に建っている。この駅舎が満鉄の奉天駅として竣工したのは、一九一〇年のことである。しかし、現在の駅舎は、その当時の建物とは規模が違っている。ドームのある中央部分と両端部分の間の長さが違い、現在の駅舎の方が長い。現在の駅舎は、一九一〇年に竣工した部分の両端に増築したものである。二一世紀になって手狭になった駅舎の建て替えが計画されたとき、ランドマークとなっている駅舎の外観を重視する観

図13　旧奉天駅（瀋陽南駅）

点から、駅舎の保存再生が図られるが、既存の駅舎では、やはり、手狭であったため、赤煉瓦を用いた外壁を維持するかたちで、既存の駅舎の両側に増築され、現在の姿になった。建物をよく見ると、既存部分と増築部分では、窓や軒先の形態が異なっており、区別がつく。

東京駅との類似

増築方法の是非は、別途論じることとして、建物を見ていこう。

かつて、「奉天駅は東京駅に似ている」といわれたことがあったが、この指摘は的を射ている。では、何が似ているか、解題しよう。似ている点は、大雑把にいえば三点ある。

一点目は、建物正面のかたちの作り方である。両者とも、中央と両端にドームを架け、左右対称の立面をつくっている。そして、壁面全体は、赤煉瓦を基調とし、窓や出入口という開口部廻りに白色系の部材を配し、また、壁面全体に細い白色の帯をまわしている。このような建物正面の作り方は、東京駅の設計者である辰野金吾が二〇世紀初頭に好んで用いた手法であることから「辰野式」と呼ばれるようになった。このうち、赤煉瓦の壁体を地とし、白い部材を図として扱う構図は、一九世紀後半にイギリスで流行していたクィーン・アン様式の手法であり、一般的には「辰野式」をクィーン・アン様式の延長線上にあるものと位置づける。両者の関係については、すでに、旧台湾総督府庁舎のところで説明したので、ここでは略す。

奉天駅と東京駅を比べた場合、東京駅では開口部廻りにコンポジット式の円柱を付け、奉天駅では中央と両翼部の軒にペディメントを付けるという具合に古典建築の要素をちりばめ、また、両者ともドームを架けることで、市街地の中で意図的に目立つ建物として設計された。

二点目は、これらの建物が市街地の中で目立つ建物として存在するための配置と周囲の関係である。東京駅の場合、東京・丸ノ内の中央を通るいわゆる行幸道路の正面に位置し、建物の中心となる軸線と道路の軸線を一致させた姿は、明らかに首都東京の玄関として設計されている。奉天駅では、正面中央には、満鉄が建設した奉天鉄道附属地の骨格の一本となる瀋陽大街（後に千代田通と改称、現、中華路）が突き当たり、さらに、昭徳大街（後に浪速通と改称、現、中山路）や平安通（現、民主路）といった幹線街路も瀋陽大街と同じように奉天駅を起点として延びたので、これらの街路からはいずれも奉天駅の中央ドームを見通すことができた。奉天駅に施された演出を考えると、奉天駅は東京駅よりも市街地の中での存在感を持っている。

なお、鉄道附属地とは、東清鉄道が建設されたとき、建設の根拠となった露清銀行と清との間で結ばれた条約において、鉄道建設のために、鉄道会社が占有できる土地として設定されたものである。ところが、この条約のフランス語正文にのみ、鉄道会社が行政権を得るという一文が記され、それを根拠に、東清鉄道は鉄道附属地で行政権を行使した。また、本来、鉄道附属地は鉄道建設のための用地であったにもかかわらず、東清鉄道は、ハルビンのように鉄道から離れた土地までを鉄道附属地に組み込んで新たな市街地の建設に着手した。日露戦争の結果、東清鉄道の長春以南の路線を獲得した日本政府は、満鉄を設立して、その鉄道経営を託したが、その時、鉄道附属地に関する実質的な権利をそのまま清に認めさせたうえで、引き継いだ。奉天駅前に満鉄が市街地を建設したのは、この鉄道附属地の制度に依拠している。

三点目は、建物の用途に関することであり、両者ともに駅舎にホテルが併設された。奉天駅の二階には、満鉄直営の奉天ヤマトホテルが併設された。竣工時には、客室がわずか七室の小規模なホテルであったが、その後、駅舎を改造して三〇室となった。

ただし、奉天駅の竣工は一九一〇年であり、東京駅よりも四年早く、したがって、奉天駅が東京駅を模倣したわけではない。

朝日に照らされる駅舎

ところで、現地に行って建物を見れば気づくことなのだが、先に見たソウル駅もこの瀋陽南駅も東を向いて建っている。偶然なのだが、当時の市街地の西の縁に位置していたからだ。ところが、東京駅は、当時の商業地が駅の東側にあったにも関わらず、西を向いて、即ち皇居の方を向いて建てられた。私の故郷にある豊橋駅は何の取り柄もない駅舎だが、東を向いているため、子どもの頃から「駅舎は朝日に照らされる」と思い込んでいた。夕陽に照らされる東京駅よりも、朝日に照らされるソウル駅や瀋陽南駅に親近感を持つのは、原風景のおかげなのだと、駅舎を眺めて思う。

ホールに注ぐ光の演出

さて、瀋陽南駅を改めて見てみよう。最近は、テロ対策もあって駅舎への入構が厳しくなったので、切符がないと駅舎内には入れないのが残念であるが、かつては、中央ドームの下にあるホールへは出入り自由であった。そこでは、ドーム中央の天窓から差し込む光が半透明ガラスの張られた天井を通してホールに降り注いでいた。

これを一九一〇年の光景として考えてみたい。殷賑《いんしん》な奉天城から荒涼とした商埠《しょうふ》地と鉄道附属地を通ってこの建物に着いた人々にとって、このホールに降り注ぐ光の演出は、心和ませるものであったと想像できる。この駅舎が竣工した一九一〇年、駅舎の周囲、鉄道附属地には人家はまばらで、満鉄の社宅、病院（後の奉天医院）の建物と駐屯していた日本陸軍の兵舎以外、目立った建物は少なく、市街地と呼べる場所はなかった。人口統計を見ると、一九一〇年の奉天在住日本人は四八五二人だが、鉄道附属地に住んでいた日本人はそのうちの四二%にあたる二〇二一人であり、五八%に相当する二八三一人は奉天城内や商埠地に住んでいた（菊池秋四郎ほか編、一九二六年）。市街地が未完成の鉄道附属地よりも殷賑な奉天城内、あるいは欧米人との商売に都合のいい商埠地の方が住みやすかったといえよう。そのような状況にあって、ホテルを備えた奉天駅は、鉄道附属地が奉天城内や商埠地に対抗して経済発展を図る起爆剤であり、満鉄にとって鉄道附属地の経営（支配）能力を示す施設であった。そして、鉄道附属地の拠点となるように配置された駅舎の位置、満鉄最大という駅舎の規模、クィーン・アン様式の流れを汲む「辰野式」の外観、ドームの天窓から降り注ぐ光を使ったホールの演出、という具合に大小さまざまな工夫によって、奉天駅は、その任を果たした。

二〇世紀の歴史が凝縮された空間

奉天駅の竣工から一世紀が過ぎた。奉天駅に続けて駅前に満鉄が建てた奉天共同事務所や貸事務所はいずれも「辰野式」の外観を持った建物であり、奉天駅前は、東アジアでは珍しいクィーン・アン様式、「辰野式」建築に囲まれた駅前広場となった。一九四五年、日本の敗戦と満洲国の崩壊とともに一時的にソ連軍に占領された。ソ連軍は「解放者」として進駐し、一九四七年には駅前にその記念碑が建てられた。そして、二〇世紀末から始まった瀋陽の経済成長の中で、この駅舎は手狭となり、建て替えの議論も出たが、駅舎としての評価、さらに、ランドマークとしての存在感、周囲の建物との調和という要素が複合的に組み合わさって、既存駅舎の維持、再生と両側への増築というかたちで建物は維持された。加えて、駅舎南側にあった建物は駅舎の外観に合わせた建物に建て替えられ、クィーン・アン様式の建物で囲まれた駅前広場の演出に一役買ったこととなった。ソ連軍進駐記念碑は地下鉄工事に伴っていったん撤去されるが、地下鉄開通後に復元予定とのこと。結局、二一世紀の瀋陽南駅前は、二〇世紀の歴史を凝縮した場所となりつつある。

最後に、設計者の話をしておきたい。旧奉天駅の設計担当者は、草創期の満鉄の建築組織を支えた太田毅《おおたつよし》である。太田は一九〇一年に東京帝国大学建築学科を卒業し、司法技師となって全国各地の刑務所や裁判所の建物の設計に従事し、さらに大蔵技師を兼任して各地の税関関係の建物の設計にも従事した。一九〇七年には司法技師兼大蔵技師のまま設立直後の満鉄に入社した。これは、満鉄の設立に当たって有能な人材を確保するため、日本政府機関に在職していた官僚や技術者を在官のまま満鉄に入社できる制度が設けられたためである。しかし、残念なことに、病弱であった太田は一九一〇年には体調を崩し、療養のために日本に帰国した。そして、翌年には東京で病没してしまう。

したがって、太田が満鉄技師として腕をふるったのはわずかに三年半ほどであった。このわずかな期間が建築家太田毅の実力を世に示した時期でもあり、その代表的な建物がこの旧奉天駅であった。

待望の新駅舎

一九九〇年の一月末、上野駅の自動改札化を知らせる広告が首都圏の通勤電車の中に出されたが、その広告に掲載された上野駅の説明文には「上野駅は昭和七年に完成しました。同じ時期に建てられた小樽駅や大連駅も似たような外観です」と記されていた。

最初の大連駅

その大連駅（図14）は、現在も駅舎として健在だ。そして、この大連駅は、かつての満鉄がその鉄道沿線の駅舎の中で特に力を入れて建設を計画した五大駅舎（大連、奉天、長春、撫順、旅順）の一つであるが、奉天・長春・撫順の各駅舎が満鉄開業後早々と建設されたのに比べると、その建設はかなり遅く、建設に至るまでの紆余曲折が実に長い。

大連駅の前身となった東清鉄道のダーリニー駅は、現在の大連駅よりも東で埠頭の近くに設け

図14　大　連　駅

図15　大連駅本家懸賞設計競技一等当選小林良治案
（東京大学生産技術研究所松村研究室協力）

られたが、日露戦争によって駅舎は建設されなかった。そこで満鉄は仮建築の駅舎を現在の大連駅よりやや東に建設した。仮駅舎は現在の市街地には背を向けるように北を向いて建てられた。なぜなら、この駅舎の北側に広がる露西亜《ろしあ》町と呼ばれた地区のみが日露戦争以前に建設が完了していたまともな市街地であったためである。

この最初の大連駅は仮建築とはいえ、当時の日本の地方都市の駅舎ほどの規模はあった。一九〇七年の開業時に七五五人であった一日の平均乗降人員は、一九三五年には四三五五人と膨れあがったが、この駅舎は仮建築ながらもこの利用者の増加に三〇年近くも耐えた。新駅舎の建設に至る紆余曲折がこの仮建築の駅舎の寿命を予想外に延ばしたのである。

設計競技が行われる

新駅舎の建築計画の最初は、満鉄が一九二四年に主催した「大連駅本家懸賞設計」という設計競技であった。一等当選の懸賞金が七〇〇〇円、賞金総額一万八〇〇〇円という当時としては破格な金額であることからも、この懸賞設計にかける満鉄の意気込がわかる。ちなみに、二年後におこなわれた神奈川県庁舎の設計競技の一等当選の懸賞金は五〇〇〇円、一九三七年におこなわれた昭和製鋼所本館の設計競技と一九三八年の大連市公会堂設計競技の一等当選の懸賞金がいずれも三〇〇〇円であった。

予定された敷地は、日本橋（現、勝利橋）と呼ばれた鉄道を跨ぐ陸橋のたもとであり、仮建築の大連駅と日本橋の間であった。一等当選を果たしたのは満鉄本社建築課に所属していた小林良治の案（図15）であった。その案は、駅舎全体が線路を跨ぐ橋上式と呼ばれるもので、駅舎は日本橋と平行に線路を跨いでおり、当時の東アジア地域では珍しい形式の駅舎であった。また、彼の案は、駅舎の玄関を日本橋側だけでなく、三方に開けているため乗降客は駅にどの方向からも自由に出入りできる画期的な案であった。外観は当時の日本で流行していたセセッション式、日本橋側に開いた玄関の脇に塔が立っていた。しかし、この案は実現しなかった。満鉄の財政的な理由とも伝えられるが、定かでない。

新たな設計

この設計競技から一〇年を経た一九三四年になって、満鉄では、本社工事課が新たな大連駅の設計を始めた。敷地は、当時の大連駅より西に五〇〇メートル《メートル》の場所であった。この地は、青泥窪《チンニーワ》と呼ばれた小川が流れる低湿地であり、ダーリニー時代にはロシア人を中心とする欧米人の居住地区と中国人の居住地区を分け隔てる場所であった。低湿地であったため、市街化されるのも遅く、一九一〇年代から一九二〇年代を通して、関東都督府（後に関東庁）の苗場とされていた。ところが、この地を超えて、大連の市街地は東から西へと広がり、それに合わせて、一九三〇年には、この地に連鎖商店街と呼ばれる商店街が建設された。大連駅は、その連鎖商店街の北側に位置することとなったのである。

新しい大連駅は、一九三五年八月二三日に起工し、二年後の一九三七年五月二〇日に竣工し、同年六月一日に開業した。「三〇余年間の久しい待望であった大連新駅舎も愈々《いよいよ》竣工して一日

（一九三七年六月一日のこと、筆者注）から開業された。（中略）満洲の陸の玄関が立派になったので全市挙《こぞ》って歓喜したのも無理はない」（『満洲建築雑誌』第一七巻第六号）と報じられた。そして、大連駅の開業と時を同じくして旅順にあった関東州庁が大連に移転してきたため、大連の日本人は一種のお祭り気分に浸っていた。一九三七年六月一日付け『満洲日々新聞』は「全市あげて祝賀気分に浸った」と報じた。

画期的な試み

新築された駅舎では、乗降客の動線を立体的に分離するという画期的な試みがおこなわれた。それは、乗降客の動線を平面的に分離していたそれまでの駅舎の常識を破ったものであった。すなわち、出札口と改札口が一階（実際には二階に相当）に設けられ、乗客は、ここで切符を買い、天井高一五《メートル》、間口六五《メートル》、奥行二二《メートル》の巨大な待合室に入り、改札口を通って跨線橋に至り、ホームに降りる。大連駅に着いた旅客は、ホームから地下道を通って地階（実際には一階に相当）の集札口（出口）に至る。地下道に階段がなく、緩やかな斜路を設けてあるのは、大きな荷物を持って旅行していた当時の状況を反映したものである。駅舎の前面に広がる斜路と車寄せは乗客を予め上階に導くためのものであり、この方式は、二〇世紀後半、飛躍的に発達した空港ターミナルビルで用いられている方式であるが、当時の駅舎では珍しい。

駅舎の外壁にはクリーム色の小口タイルが貼られたが、二一世紀になってから改修され、灰色のタイルになっている。正面中央の柱は花崗岩《かこうがん》が使われた。正面中央に付く庇《ひさし》にはガラスブロックが埋め込まれ庇の下も適度に明るさをたもつように工夫されていたが、建物の改修時にガラスブロックは撤去された。

一九三四年に大連駅の設計担当となっていたのは、太田宗太郎（一八八五〜一九五九）である。彼は、奉天駅の設計者であった太田毅の養子であり、一九三七年の大連駅竣工時には満鉄の建築組織を束ねる立場にあった本社工事課長を務めていた。この役職は、小野木孝治《おのぎたかはる》を初代とし、岡大路、青木菊治郎、植木茂という具合に東京帝国大学建築学科の卒業生が就いていた役職であった。大連駅竣工の直前であった一九三七年四月にこの職を引き継いだ太田は、彼らとは違う学歴の持ち主であった。彼は、一九〇五年七月工手学校建築科を卒業し、警視庁を経て満鉄に入社。一九一〇年九月には、満鉄を辞して渡米し、コロンビア大学に入学した。そこで、予科、本科を経て大学院に学び、一九二四年一月、大連に戻ってきた。満鉄に復帰したのは、一九二九年四月のことであった。

大連駅は、太田宗太郎にとって自慢の建物であった。大連駅の竣工から一年後の一九三八年六月、実弟に送った大連駅の絵葉書に彼は「奉天のヤマトホテルと共に大連駅が自らの満洲における唯二の作品であります。好《よ（ママ）》ひ記念物であります」と記した。

ヤマトホテル――満鉄自慢のホテル

満鉄直営のヤマトホテル

満鉄が設立されるとき、満鉄の業務の一つに旅館業というのがあった。鉄道旅客に対して、主要都市での宿泊の便宜を図るのが目的である。これにしたがって、満鉄は、ヤマトホテルという名前のホテルを大連、旅順、奉天（瀋陽）、長春の各都市に開設した。また、海浜リゾートして開発された大連郊外の星ヶ浦にもヤマトホテルを設け、さらに、旧東清鉄道（北満鉄路）が満洲国政府に買収され、満鉄に経営が託されると、ハルビンにもヤマトホテルを開設した。このうち、満鉄が独自に建設したのは、大連、奉天、長春、星ヶ浦の四ヵ所だが、星ヶ浦ヤマトホテルは、軍事施設の中にあり、旅行者の宿泊は無理なため、ここでは、今でもホテルとして使われている三つの旧ヤマトホテルを泊り歩くことにする。

図16　旧長春ヤマトホテル（春誼賓館，1986年撮影）

旧長春ヤマトホテル

最初は、旧長春ヤマトホテルである。場所は、長春駅前で、今は、春誼賓館という名前のホテルである。現在の春誼賓館は、旧長春ヤマトホテルの建物二棟からなる迎賓楼と呼ばれる部分と、最近になって新築した貴賓楼と呼ばれる部分から構成されている。このうち、迎賓楼を構成する二棟は、前面に建つ建物が一九〇九年一〇月に竣工した最初の長春ヤマトホテルの建物（図16）であり、その後方の建物は、満洲国成立後、このホテルが新京ヤマトホテルと改称され、一九三三年に建てられた五階建の建物である。

一九〇九年一〇月に竣工した旧長春ヤマトホテルの最初の建物は、正面中央に車寄せを張り出して玄関を開け、左右の翼部を手前と後方に大きく張り出した平面を持ち、一階には、宴会場を兼ねた大食堂や賓客用の休憩室としてつくられた応接室、そして、バーや理容室などが設けられ、二階には客室が配された。客室数が二五室という小さなホテルであったにもかかわらず、宴会場や応接室が配されたのは、このホテルが単なる旅行者の宿泊場所ではなく、長春における社交場としての役割を担うことが期待されたためである。それは、長春が満鉄本線と東清鉄道の接続地であり、満鉄と東清鉄道との間の交渉の場であったこと、さらに、中国東北地方における日露の勢力圏の接点として、日露両国の交渉の場でもあったこと、そして、この地域を管轄する清の地方機関であった長春道台との交渉が必要であったことであり、長春ヤマトホテルは、東清鉄道の職員やロシアの外交官、さらに清の大官たちを相手にした社交場となっていたのである。

その後、満洲国の成立に伴って、長春が新京と改名され、満洲国の首都となると、宿泊客は増加し、別館が増築され、客室数は五五室に増加した。この増築によって新たな舞台付き宴会場も設けられた。また、ホテルの名前は、新京ヤマトホテルとなった。満洲国の首都新京（長春）には、満洲国政府の庁舎や三菱康徳会館をはじめとする多数の事務所建築は新築されたが、なぜか格式の高いホテルはつくられなかった。したがって、新京ヤマトホテルのホテルとしての重要性はますます高まった。増築はその表れでもあった。

ソ連軍による接収

ところが、一九四五年八月、日本の敗戦に伴う満鉄の事実上の消滅によって、ホテルは営業停止となり、この地を占領したソ連軍に接収された。その後、中国国民党軍がソ連軍に代わって長春に進駐すると、国民党の幹部用宿泊所、さらに国民党軍の司令部へと転用される。国共内戦の結果、長春が共産党軍（人民解放軍）の支配下に入ると、中国長春鉄路公司（中長鉄路）長春鉄路管理局の管理下に移管され、鉄道関係者の宿泊施設となった。中長鉄路とは、ソ連軍の中国東北地方占領に伴って一九四五年九月に設立され、中国東北地方の鉄道を管理、経営した鉄道会社であり、中国政府とソ連政府の共同経営であった。

その後、一九五五年、建物は吉林《きつりん》省政府に移管され、吉林賓館と呼ばれるホテルとなった。ただし、当時の中国の社会状況において、ホテルとは賓客の宿泊する場所であり、吉林賓館は、吉林省を訪れた賓客の宿泊所、接待所であった。一九七五年には、現在の名前である春誼賓館と名を変えた。

アール・ヌーヴォー様式への驚き

一九八〇年代に入り、宿泊客が増加すると、建物は徐々に改修され、その結果、現在では、旧長春ヤマトホテルの当初の姿を留める部分はほとんどなくなってしまった。そこで、ここでは、それ以前に私が訪れた時の話を記し、そのあと、現況を説明したい。

一九八五年九月、私は初めてこのホテルを訪れた。その時、建物の正面を見て驚いたのは、外

図17　旧長春ヤマトホテルの食堂（1986年撮影）

観がアール・ヌーヴォー様式だったことだ。この年の二月、私は、「旧満洲における日本人の建築活動に関する研究」という題の修士論文を書いた。この時、私は、日本国内での文献調査を基に、大連、奉天（瀋陽）、長春に建てられた主要な建物の概要を把握し、また、建築法規や建築教育のことを調べていた。しかし、長春ヤマトホテルについて詳しく記した文献を見つけることができず、この建物を重要視していなかった。

ところが、実際の建物を見て、驚きの連続だった。玄関や窓廻り、パラペットなどにアール・ヌーヴォー様式のデザインが施されていた。建物内部も同様で、食堂などの出入り口や窓のデザインはアール・ヌーヴォー様式だった（図17）。そして、一番驚いたのは、理容室の窓で、

「孔《コン》」とか「拱門《ゴンメン》」とか呼ばれる中国建築にある伝統的な開口部の形態を用いながらアール・ヌーヴォー様式のデザインを作っていた。

一九八六年、私はこの春誼賓館に宿泊した。部屋は、一九三三年、新京ヤマトホテル時代に増築された部分であったが、食堂でゆっくりと食事をする機会を得たので、アール・ヌーヴォー様式の食堂を堪能した。そこで改めて気づいたのは、食堂の天井が折上格《おりあげごう》天井だったことである。

折上天井

折上天井とは、部屋の周囲に廻って天井を支える框《かまち》と呼ばれる部材の位置に張られた天井ではなく、それより上方に天井の位置を変えて張られたものである。また、天井に格《ごう》と呼ばれる格子を作って張られた天井を格天井と呼ぶ。折上格天井は、その両者が組み合わさったものであり、日本の伝統的な天井のひとつであり、江戸時代の大名屋敷など格式の高い武家住宅の書院造《しょいんづくり》の部屋に見られる天井の形式である。にもかかわらず、このホテルではアール・ヌーヴォー様式の意匠と併存していたのである。

一九世紀末から二〇世紀前半、折上格天井が西洋建築の意匠と併存する例は、数多くあった。その出発点は、明治天皇の御所として一八八八年に建てられた明治宮殿である。その建物は、木造で、玄関には唐破風《からはふ》の付く車寄せが設けられるという外観であり、その姿は江戸時代の大名屋敷と同じ日本建築であった。そして、賓客との公式の謁見所であった正殿や通常の謁見に使われた内謁見所（鳳凰の間）、さらに饗宴所（豊明殿）といった主要な部屋の内観は、床を寄木《よせぎ》の板張りとし、壁にクロスが張られ、天井からシャンデリアの下がるバロック建築の意匠を使いながら、天井そのものは二重折上格天井であった。いわゆる和洋折衷の内観であるが、バロック建築の持つ豪華さと書院造の持つ豪華さが重なって、諸人には違和感なく受け入れられていく。以後、部屋全体に西洋建築の意匠を使いながら、天井を格天井、あるいは折上格天井とする手法は、皇族、華族といった高貴な人々の建物から、庶民が目に触れることのできる銭湯に至るまで、日本では普遍的な手法として、普及していく。旧長春ヤマトホテルの食堂は、その延長線上に置くことができよう。

意匠の持つ意味

では、なぜこのような意匠が生まれたのかを考えてみたい。

満鉄が創業期に、大連、旅順、奉天（瀋陽）、長春、大連郊外・星ヶ浦にヤマトホテルを開設したことはすでに記した。しかし、多数の建物を建設する必要があった創業期の満鉄にとって、これらのヤマトホテルを一気に新築する余裕はなかった。その中で長春ヤマトホテルは早々と新築された。長春ヤマトホテルの新築工事の起工は、満鉄本社が大連に移転して実質的な営業が始まった一九〇七年四月から数えてわずか五ヵ月後の同年九月のこと。この時、長春駅そのものには、まともな建物がなく、また、駅前に広がる鉄道附属地は、地域の設定は終わっていたものの、市街地の造成は未着工であった。満鉄が長春ヤマトホテルの建設を急いでいたことがうかがえる。ホテルの建物は一九〇九年一〇月に竣工し、翌年二月にホテルは開業した。

このように満鉄本社のある大連のヤマトホテルではなく、本社からもっとも遠い場所にある長春ヤマトホテルが最初に新築された。それは、このホテルが単なる旅客のための宿泊施設ではなく、長春における社交場であり、日露交渉の場であったためである。したがって、満鉄は、他のヤマトホテルに先んじて、長春ヤマトホテルを新築したと考えられる。

満鉄にとってそのような重要なホテルであったこの建物にアール・ヌーヴォー様式を主体とした和洋折衷や華洋折衷の意匠が用いられたのは、アール・ヌーヴォー様式が、組織や国家の体面、威信を示す具体的な建築様式として認識され、それがこのホテルに用いられたと解釈するのが妥当であろう。満鉄の交渉相手であった東清鉄道は、その拠点としたハルビンで、ハルビン駅、東清鉄道本社、鉄道学校といった公共性の高い建物から、社員住宅に至るまで、多くの建物をアール・ヌーヴォー様式で建設している。東清鉄道のこのような建設事業を見聞した満鉄の人々にとって、日露の接点であった長春で、日露交渉の場として設定されたホテルの建物にアール・ヌーヴォー様式を取り入れることは、むしろ自然の流れであったに違いない。

その後、私は、一九八九年五月にもこの食堂を訪れた。ところが、内装は一新されていた。そして、二〇一〇年四月、再び、春誼賓館に宿泊した。この間、他の中国の都市と同様に長春の変容ぶりはめざましく、満鉄が建設した長春駅舎、その駅前に面して建っていた旧満鉄長春共同事務所は、いずれも建て替えられていた。そして、春誼賓館には、貴賓楼という名の新館が建てられ、旧長春ヤマトホテルの建物は迎賓楼と呼ばれるに至り、春誼賓館全体の客室数は三二〇室に増えていた。迎賓楼は、内外部ともに改修され、往時の姿を伝えるのは、二階の会議室に残るステンドグラスと、改修が施されなかった建物背面の窓廻りの外壁のみであった。この建物は一九八五年には長春市の文化財指定を受けているのであるが、それが、公になったのは後年のこと。文化財指定時にアール・ヌーヴォー建築として評価されていれば、中国では数少ないアール・ヌーヴォー様式のホテル、という売り込み方も成り立ったであろう。

そんな複雑な思いを後に、瀋陽に向かう。次は、遼寧賓館という名前で使われている旧奉天ヤマトホテルを見よう。

旧奉天ヤマトホテル

初代の奉天ヤマトホテルは、満鉄が新築した奉天駅（一九一〇年竣工）に併設された客室数七室の小規模なホテルであった。その後、満鉄は奉天駅を改造して、客室数を三〇室まで増やしたが、旅客の増加に耐えうる規模ではなくなった。そこで、満鉄は、奉天鉄道附属地の中心地であった大広場（現在の中山広場）に面した敷地にホテルを新築、移転させた。これが、現在、遼寧賓館と呼ばれる二代目の奉天ヤマトホテルである（図18）。

建物は、鉄筋コンクリート造、地上四階、地下一階、客室数は七一室で、一九二七年四月に起工し、一九二九年四月に竣工した。設計は、満鉄創業の一九〇七年から一九二三年まで満鉄の建築組織の総帥を務めてきた小野木孝治が、満鉄時代の部下であった横井謙介と共同経営していた

図18　旧奉天ヤマトホテル（遼寧賓館）

小野木横井共同建築事務所であった。新築されたホテルには、宴会場を兼用できる舞台付きの大食堂、中小の複数の食堂、球戯室、バー、読書室、理髪室が設けられ、当時の奉天における社交場としての役目を果たすこととなった。

ホテルは遼寧賓館と名を変えたものの、瀋陽では、現在も格式の高いホテルとして扱われている。建物の外壁には白色の化粧タイルが張られ、玄関廻りや窓台には花崗岩が使われている外観は、何の変化もなく、往時の姿を伝えている。建物全体の平面は、中庭を二つ持つ日の字を寝かした型の平面で、広場に向いた正面中央に車寄せを付した二階に玄関がある。玄関を入ると天井の高いホールがあり、ホールの一部は喫茶室になっている。喫茶室にはかつて奉天ヤマトホテルと呼ばれた頃の写真が飾られている。旧状写真はここばかりでなく、喫茶室から奥へ向かう廊下にも掲げられている。最近の都市再開発の中で、瀋陽には新しい大規模ホテルが増えたが、遼寧賓館としては、それらとは趣が異なることで、その存在感を示す必要があり、これらの展示はホテルの由緒を示すものである。

玄関の中央を進むと通路をはさんでエレベーターホールと階段が向かい合っている。エレベーターで客室に向かうのは楽だが、ここは、三連アーチをくぐって階段を上りたい。この階段（図19）は、中央部分を最上階まで吹き抜けとし、その吹き抜けを見ながら、中庭に沿って上るというもので、コーナーをゆったりと曲がっていく時に変化していく光景は一興である。その光景は、近年の改修で中庭側の窓が変わったとはいえ、吹き抜けを見上げる光景には変化がない。

客室は、三階、四階にすべて、建物の外側を向けて配されている。したがって、玄関側の客室からは、前面の円形広場がよく見える。かつては奉天大広場と呼ばれ、中央に日露戦争の戦勝記念碑が建っていた。現在は、その位置に巨大な毛沢東《もうたくとう》像がある。その毛沢東は、西を向いて右手を挙げている。どこを向いているかといえば、この広場から一キロほど西にある瀋陽南駅を向いている。なぜかといえば、瀋陽南駅を起点にこの広場を通って、東に延びる街路である中山路が、瀋陽市街地の骨格をなす街路であり、毛沢東は瀋陽南駅に着いた旅客を迎えるかのごとく、「やー」といわんばかりに右手を挙げている。それは、「同志、いっしょに革命を戦おう」とも解釈できる。ところが、毛沢東を知らない「八〇后」世代には、「毛主席がタクシーを拾おうとしている」という冗談があるそうだ。

西を向く毛沢東像

図19　旧奉天ヤマトホテルの階段ホール

国際ホテルとしてのつくり

さて、このホテルの竣工を報じた『満洲建築協会雑誌』一一巻五号（一九三一年五月）には「奉天に立つ国際ホテルという気分の発露に努力された跡を見ることが出来ます」と評されている。これは、このホテルが、欧米人の賓客が宿泊できるホテルとして建てられたことを意味している。それは、単に客室をバス付の洋室にしたというものではなく、すでに記したように、社交の場としての任を担うホテルであり、長期滞在者にとっては生活の場であった。そこで、客室のほか、複数の宴会場、球戯室、バー、読書室、理髪室があった。特に、建物二階後方にある大宴会場は、舞台、オーケストラ席を備え、収容人員五〇〇人という規模の大きな宴会場であった。現在でも、結婚式や大規模な会議に使われている。このような宴会場は、宿泊客のためだけでなく、この地域に住む人々にとって社交場としての役割を果たした。

さて、実際にこのホテルの設計を担当したのは、横井謙介と当時この共同建築事務所のナンバー・スリーであった太田宗太郎（「待望の新駅舎」参照）であった。横井は、一九〇五年に東京帝国大学建築学科を卒業し、住友臨時建築部に入社したが、満鉄本社の大連移転に合わせて満鉄に入社した。その後、一九二〇年に満鉄を辞し、大連に横井建築事務所を開設した。この事務所は、その後、満鉄を退社した小野木孝治、市田（青木）菊治郎の三人による共同経営となったが、一九二五年に青木が満鉄に復帰し、一九三〇年に小野木が引退すると、再び横井建築事務所に戻った。このホテルを設計した時期は、青木が満鉄に復帰した直後である。このとき、この事務所のナンバー・スリーとなっていたのが、のちに満鉄に復帰して、本社工事課長を務めた太田宗太郎であった。

一九八四年、私は横井謙介と太田宗太郎の遺族に相次いで会った。横井謙介のご子息横井三郎さんは「父は家では建築の仕事のことをあまり話さなかったが、大連の遼東ホテルと奉天ヤマトホテルが父の作品であったのはよく覚えている」と語ってくれた。一方、太田宗太郎の旧蔵資料には、大連駅のところで紹介した通り、このホテルと大連駅への想いを書いた絵葉書が残されていた。二人にとって、このホテルは自慢の一作であったといえよう。

漱石が泊まった二代目大連ヤマトホテル

瀋陽から大連に戻って、旧大連ヤマトホテルを訪れてみよう。大連ヤマトホテルは、満鉄の迎賓館ともいうべき高級ホテルであった。満鉄創業時の大連ヤマトホテルは、日露戦争前に建設されたダーリニーホテルの建物を使って開設され、その後、旧ダーリニー市役所を使って営業していた。文豪夏目漱石が、一九〇九年、当時の満鉄総裁中村是公《なかむらよしこと》の招きで大連を旅行した際に宿泊した大連ヤマトホテルは、旧ダーリニー市役所をホテルに転用したものだった。この時、すでに満鉄は、大連の大広場（現、中山大広場、「広場と官衙」の章）に面した地に大連ヤマトホテルの新築を決め、基礎工事を始めていた。建物の本体工事は一九一一年に始まり、一九一四年に竣工した。その建物が現在、大連賓館として使われているホテルである。

広場を飾った大連ヤマトホテル

その広場に立ってまずは正面（図20）から眺めることにしよう。建物は、鉄骨煉瓦造五階建だが、二階に玄関が設けられているため、正面から見ると一階は半地下のように見え、建物全体は四階建に見える。そして、正面の構成は、アーチ窓の連続する二階を下層、イオニア式ジャイアント・オーダーが貫く三・四階を中間層、の二層にはそれらを軒蛇腹の上にあるアティック（屋階）となった五階を上層とした三層構成である。

では、正面の階段を上がって、車寄せを通り、玄関に入ってみる。玄関ホールは、左手に受付、右手は待合になっている。待合の背面には、緑色のタイルが貼られた噴水があり、壁面にはタツノオトシゴと貝をあしらった装飾がついている。玄関ホールから奥に向かう通路は三つある。正面を行けば、エレベーターホールと階段があり、その奥に宴会場待合として使われたホールがある。このホールの背面にはルネサンス様式の内装が施された宴会場があり、一九八〇年代までは、食堂として使われていた。ここは、かつて、大連でもっとも格式の高い宴会場であり、満鉄主催の数々の宴会もここで開かれた。

玄関ホールから左右に分かれる通路は、いずれも、斜め奥に向かっているが、これは、このホテルの平面形状が、敷地形状に合わせて、建物正面から背面に向かって開いているためである。

図20　旧大連ヤマトホテル（大連賓館）

ホテルの敷地は、円形広場に面しており、広場から放射状に延びる道路に挟まれるため、その平面形状は、五角形となる。建物もそれに合わせた平面形状になっている。ちなみに、広場に面する街区の敷地はすべて五角形であり、建物も、戦前に建てられたものは、旧イギリス領事館を除いて、他の七棟はすべて後方に広がっていく平面形状となっている。

玄関ホールから左手奥に向かう通路の脇はトイレがある。ここには、イングランド製の便器があり、戦後もそのまま使われていたが、最近の改修で撤去された。また、かつての中庭には屋根が架けられ、カフェとなっている。

広場に臨む部屋に泊まれば、広場がよく見えるのは当然だが、特に夜景を楽しみたい。経済発展の著しい中国では、現在、建物のライトアップやイルミネーションが盛んになっている。この広場では、大連賓館と広場を挟んで向かい合う中国銀行の建物で、旧横浜正金銀行大連支店の建物をライトアップしながら、後方に建てられた超高層ビルの壁面では、世界地図を写し出すなど壁面全体を使ったイルミネーションが目立っている。

設計者は義兄弟

最後にホテルの設計者の話をしたい。ホテルの設計者を伝える文献資料は見つかっていない。そこで、関係者の証言に頼るしかないのだが、建物が建てられた当時、満鉄本社建築係長を務め、満鉄全体の建築組織を束ねていた小野木孝治の遺族からは、小野木の設計である旨の証言を得た。ところが、建物の工事が始まった時点まで満鉄に所属し、小野木の下でナンバー・ツーとして働いていた太田毅の遺族からは、太田が設計した旨の証言を得た。両者の証言の整合性を取るには、小野木係長の下で、太田が設計を担当し、小野木は係長として設計の責任者になっていた、という解釈が妥当である。私は、一九九一年、旧満鉄本社の文書を多数保管している中国・遼寧省档案《とうあん》館で、この時期の満鉄本社建築係が設計した建物の図面を閲覧する機会に恵まれた。そこで見た図面では、図面表題に設けられた設計者欄に係長である小野木のサインが入った図面はなく、ほとんどが、設計者欄にはナンバー・ツーであった太田がサインしている。残念ながらその中には旧大連ヤマトホテルの図面はなかったが、設計時期が同じであるだけに同様のことが推察できる。ただし、小野木孝治は太田毅の妹と結婚したので、年下の太田が小野木の義兄という関係にあった。二人が仲良く設計した、という推察も可能である。

学校・病院・図書館

ここでは、支配地に建てられた学校、病院、図書館をまわり、それらが支配の中で果たした役割を考えてみたい。植民地支配の中で、教育、医療、文化事業は、重要な意味を持っていた。学校と図書館は、人間が文化的生活を営むうえでの必要な存在であった。また、病院は、人々が安心で安全な生活を送るうえで必要不可欠な存在であった。これを支配する側の視点から考えると、教育と医療の水準を高くすることによって、支配地に移り住む日本人の生活水準を日本国内以上に確保し、それを示すことで、日本の支配能力を誇示する狙いがあった。また、教育と医療の確保は、現地の人々の生活水準の確保にもつながり、それを以て、支配者が支配能力を現地の人々に示す場となった。それを地球的規模の視点から見れば、日本の支配能力を列強に見せる場でもあった。

二つの帝国大学

七大戦というスポーツの大会がある。北海道大学、東北大学、東京大学、名古屋大学、京都大学、大阪大学、九州大学の合計七つの大学によっておこなわれるスポーツ大会であるが、参加する運動部員たちの多くは七大戦とは呼ばず、七帝戦と呼ぶ。それは、これら七大学が旧制の帝国大学であったことに由来する。

ところが、旧制の帝国大学は七大学ではなかった。日本が植民地とした朝鮮と台湾にもそれぞれ、帝国大学があった。京城帝国大学と台北帝国大学である。先に開学したのは、京城帝国大学である。

旧京城帝国大学

京城帝国大学は、当初、法文学部と医学部の二学部を持ち、さらに、修業年限二年の予備教育機関としての予科が設けられた。予科は一九二四年に開校し、二年後の本科と呼ばれた二つの学

図21　旧京城帝国大学本部

部の開学に備えた。キャンパスは、かつて大韓帝国の末期に、大韓医院や工業伝習所が設けられた当時の京城市街地の東の端で、東崇洞《トンスンドン》と呼ばれた地にあった。

現在、この地の残っている校舎は、一九二八年に竣工した医学部本館、一九三一年に竣工した大学本部（図21）である。前者は、ソウル大学校医科大学として使われ、後者は韓国文化芸術振興院に転用されている。いずれも鉄筋コンクリート造三階建で、外壁に茶褐色のタイルが貼られ、最上階の窓をアーチ窓とし、車寄せを突き出した外観は、両者に共通だが、医学部本館が文字通り地上三階建であるのに対して、大学本部は、一階を半地下化しているため、車寄せと玄関は二階に設けられている。そのような違いはあるにせよ、この時期に震災復興を進めていた東京帝国大学の一部の校舎、新設された九州帝国大学や北海道帝国大学の建物にも見られる形態である。これら二棟に加えて、この地には、一九二八年竣工の法文学部本館と附属図書館が建っていた。

史跡指定の理由

これらの建物は、戦後、ソウル大学校の一部となったが、一九七二年、ソウル大学校が郊外移転した際、前述の二棟のみが残り、他は取り壊された。ところが、その後、研究が進むと、旧京城帝国大学本部は、史跡の指定をうけることとなった。理由は二つあった。一つは、ソウル大学校の起源となった旧京城帝国大学の本部建物であったこと。もう一つは、植民地時代の建物であるが、設計者は日本人ではなく、韓国人の朴吉龍であったことである。朴吉龍は、モダニズム建築の開拓者と呼ばれ、一九一九年に京城高等工業専門学校建築課を卒業し、朝鮮総督府営繕課に勤めた後、一九三二年、京城（ソウル）に事務所を開いた建築家であり、植民地支配下の朝鮮半島で民間の建築事務所を開いた数少ない韓国人建築家である。旧京城帝国大学本部は、彼が朝鮮総督府を辞する直前の仕事である。その後、朴は、韓国人朴興植の経営による和信百貨店新館（一九三七年竣工）を設計している。

朴吉龍が韓国建築史上で評価されるのは、二点ある。一点目は、日本人主体の建築組織であった朝鮮総督府建築課（営繕課）の中で、日本人ではない朴が旧京城帝国大学本部の設計を担当したことである。日本人が君臨する植民地社会の中で、彼の建築設計に対する技量が認められたことを意味している。二点目は、和信百貨店新館の設計にあたり、当時の三越京城支店（一九三〇年竣工、現、新世界百貨店）と同様に、舞台付きのホール、大食堂、屋上庭園、ギャラリー、市街地を一望できる展望台を設けただけでなく、売り場ごとに商品を渡す今日の百貨店と同じ販売方式を採用し、それに見合った平面計画をおこなったことである。三越京城支店では、買い物客に対して、出口で一括して商品を渡す方式をとっていた。これは、一九世紀末から一九三〇年代初頭まで日本国内の百貨店では一般的な販売方法であった。それに対して和信百貨店は、今日の百貨店と同じ販売方式をとったことで、一九世紀末から一九三〇年代にかけて進んだ百貨店の変革の頂点に立つ百貨店となった。

余談が続いたので、話を元に戻そう。結局、建物の来歴と設計者朴吉龍への評価が重なって、旧京城帝国大学本館は、再び評価を受けて史蹟となった。史蹟指定を示す案内板には、ソウル大学校が移転した時、大半の土地が商業用地に転用されたため、建物が建て替えられたが、旧京城帝国大学の本部、法文学部本館、附属図書館の敷地は韓国文化芸術振興院の所有地となったため、旧本部の建物が残った旨が記されている。

なお、京城帝国大学には、その後、一九四一年に理工学部が設置された。ただし、多数の実験施設が必要な理工学部を、法文学部や医学部に隣接させる敷地の余裕はなく、そのキャンパスは、郊外の孔陵洞《コンルンドン》と呼ばれる地に設けられた。

旧台北帝国大学

京城帝国大学から遅れること二年、一九二八年には台北帝国大学が開学した。文政学部と理農学部が設置された。キャンパスは当時の台北市街地の南東郊外で、二つの学部と大学本部や附属図書館なども一つのキャンパスにまとめられたので、キャンパス計画も工夫された。まず、敷地の北側三分の一は運動場に当て、南側三分の二に建物が集中して建てられた。建物の配置は、敷地の西側に正門を設け、キャンパスを東西に貫く構内道路をグリーンベルトとし、主要な建物をグリーンベルト沿いに面するかたちで決められた。すなわち、グリーンベルトの北側には、大学本部、図書館、文政学部関係の建物が置かれ、南側には、理農学部関係の建物が配された。正門（図22）を入ると左手に大学本部、右手には理農学部生物学校舎がある。さらに東に進むと、左手に図書館があり、それを過ぎると右手に理農学部理化学校舎がある。さらに東に進むと、左手に文政学部本館、右手に理農学部本館が向かい合って配置された。同じ時期に設立された帝国大学でありながら、京城帝国大学の場合は、キャンパス計画そのものが重視されなかったのに対し、台北帝国大学では、キャンパスの中央に骨格となるグリーンベルトを通すという手法を用い、秩序を重視したキャンパス計画がおこなわれたといえる。この手法は、後に最後の帝国大学として一九三九年に開学した名古屋帝国大学のキャンパス計画に踏襲される（木方十根、二〇一〇年）。

このキャンパスは、その後、台湾大学のキャンパスになったが、建物はそのまま使われた。文

図22　旧台北帝国大学（台湾大学）正門

図23　旧台北帝国大学文政学部（台湾大学文学院）

政学部の建物は、文学院（図23）となり、理農学部本館は行政大楼（事務棟）に転用された。また、理農学部理化学校舎は、物理学系や生化学系が使う建物となった。そして、図書館は、一九九八年に新たな図書館が新築されたのに伴い、台湾大学校史館として使われており、その年に台北市の古蹟に指定された。また、キャンパスの中央を東西に貫くグリーンベルトは、のちに椰林大道（Palm Boulevard、ヤシ並木通り）と呼ばれるに至った。その欧文名に、フランス語で幹線街路を意味するBoulevardが使われているのは、このグリーンベルトが今もキャンパスの骨格をなしていることを示していよう。そして、戦後、キャンパスが東側に拡張されたとき、このグリーンベルトはそのまま延長され、その正面には最終的に新たな図書館が新築された。

結局、二つの帝国大学は、いずれも植民地支配の産物であり、植民地支配が終わった時点では、遺物として残ったが、それから半世紀を経て、遺産としての扱いをうけるようになった。そして、台湾大学では、植民地建築であるはずの建物が現役の校舎として、日本の国立大学には見られないほどきれいに、かつ丁寧に使われている光景が展開している。建物を大切に使うという基本的なことがいかに重要なことかを認識させられた。

日本人教育を支えた学校

鉄道附属地と行政

二〇世紀前半の日本による中国東北地方支配は複雑であった。大連《だいれん》・旅順《りょじゅん》を中心とした関東州（遼東半島南部）は中国からの租借地《そしゃくち》であり、旅順に関東都督府という機関を設けて、支配した。一方、すでに「駅舎とホテル」の章で記したように長春〜大連・旅順の満鉄線沿線には鉄道附属地という土地が設定され、そこでは、満鉄が行政をおこなっていた。

満鉄は鉄道附属地を実質的に支配するため、「南満洲鉄道株式会社附属地居住者規約」を発して、鉄道附属地内の居住者が果たすべき義務を明確にし、満鉄が行政権を持つことを居住者に明言した。そして、この規約に基づいて満鉄は居住者から「公費」という名の拠出金を徴収し行政費の一部とした。公費は実質的には今日の住民税と同じ性格のものであった。居住者から徴税するのであるから、公共事業として多数の社会施設を建設するのは当然であり、それによって満鉄の行政権を示したともいえる。そして、各地の鉄道附属地に必ず建設されたのは、教育施設としての学校、医療施設としての病院、文化施設としての図書館であった。

これらの中でも満鉄がその創業期において鉄道附属地支配（満鉄は「地方経営」と称した）の中で力を注いで建設した施設は、住民にとってもっとも身近な存在であった学校と病院である。

学校建築

鉄道附属地内に設立された学校のうち、日本国内の義務教育に相当する小学校は、建物建設費用と経常経費を満鉄が負担し、教職員の退職金や年金を関東都督府が負担するかたちで運営された。満鉄が地方経営を開始した一九〇七年からの一〇年間に設立された小学校は一九校であったが、これらはいずれも開校当初は既存建物を改修して利用していた。しかし、鉄道附属地の人口増加に伴う児童数の増大によって、これらの校舎はいずれも手狭になり、規模の大きな小学校から順次新築されていった。

最初に新築された小学校の校舎は、奉天、長春、撫順の各小学校であり、いずれも一九〇八年に早々と新築された。これらは、今日の小学校の校舎に比べれば小規模なものだが、冬の厳しい寒さに配慮して室内体操場（体育館）が設けられたことは注目に値する。

また、鉄道附属地内ではないが、日本人が多数在住していたハルビンにも一九〇八年、日本人子弟を対象に東本願寺が附属小学校を開設し、後に満鉄の経営となった。こちらは、ハルビン在住のロシア人建築家ジダノフに設計が依頼され、一九二三年に新しい校舎が竣工したが、その規模の大きさだけでなく、威容の点でも鉄道附属地や関東州内の小学校には比べものにならないほど、目立つ存在であった。竣工式に出席した満鉄の幹部が鉄道附属地内の小学校に比べて豪華であったその校舎に反発したとも伝えられている（杉山公子、一九八五年）。鉄道附属地内の小学校の校舎がこのハルビン日本人小学校と同様の規模になるのは、一九三〇年前後のことである。

満鉄が経営した学校は小学校だけでなく、中等、高等教育機関にも及んだ。それは、鉄道附属地の日本人居住者に対して日本国内と同等な水準の教育を保証するという意味もあり、満鉄にとって医療水準の確保と同様に会社の威信を示すものであった。

その中で男子生徒を対象とした中学校は最大の鉄道附属地である奉天に設立された。校舎は一九二二年に新築された（図24）。設計は他の満鉄の施設と同様に満鉄本社建築課がおこなったのはいうまでもないが、施工は大連の岡田工務所がおこなった。岡田工務所というのは、明治時代の日本を代表する建築家辰野金吾の片腕として働いた建築家岡田時太郎が日露戦争直後に大連に設立した建築組織である。その名前が工務所というように、設計監理だけでなく、施工も請負う組織であり、大連最初のゼネコンであった。

図24　旧奉天中学校校舎

満鉄が日本による中国東北地方支配のための会社であったことはいうまでもないが、その一方で、その名の通り鉄道会社であったことも事実である。したがって、満鉄には大量の技術者が所属していたが、創業時には日本国内から多数の技術者を雇った満鉄も、中堅技術者に関しては自前で養成をおこなうこととなった。そのために一九一一年、大連に設けられた学校が南満洲工業学校である。修業年限は三年で、建築科、土木科、電気科、機械科、採鉱科の五学科が設けられたが、そのカリキュラムを見ると、卒業後は満鉄に就職したり、あるいは中国で活動することが前提となっている。たとえば、中国語の授業が一年から三年まであったことは、単に中国での生活に必要な日常会話の習得の域を越えて、建設現場や工場で中国人の技術者や労働者と接することを前提としたことであり、それは、すなわち満鉄に就職するなど中国で職に就くことを意味する。教官も満鉄に所属した幹部技術者が非常勤講師を務めたので、生産現場に役立つ技術の習得が最優先されていた。

技術者教育の場であった南満洲工業学校

実際に初期の卒業生の進路を見ると、たとえば建築科の場合、一九一五年に卒業した第一回生の二名はいずれも満鉄に就職し、翌年卒業の第二回生七名もそのうちの三名が満鉄に就職していた。満鉄が自前で技術者を養成することを目的としていたのは明白である。

さて、その校舎（図25）は、当時の大連では市街地の西のはずれであった伏見台という所に建設された。満鉄が経営する学校であるから、設計を満鉄の建築組織がおこなったのは当然だが、

図25　旧南満工業学校校舎

実際に設計を担当したのは当時、満鉄本社建築係にいた横井謙介であると伝えられる（満鉄建築会編、一九七六年）。現在では大連理工大学化学学院として使われているその校舎はゴシック式の外観を持つ煉瓦造二階建ての建物である。二階吹き抜けの大講堂にはゴシック様式の教会のような薔薇《ばら》窓が付いている。

満鉄による高等教育機関

満鉄が設立した高等教育機関としては、南満洲医学堂（後に満洲医科大学）と南満洲工業専門学校がある。後者は、一九二二年に南満洲工業学校を四年制の南満洲工業専門学校に改組したものであり、日本国内の高等工業学校に相当する学校であった。

一方、南満医学堂は、一九一一年に設立された医学校で、その建物はすでに新築されていた奉天

図26　旧満洲医科大学講堂

医院に隣接した敷地に建てられた。満洲国成立後、満洲医科大学に改組され、戦後は中国医科大学に改称され、その名が示すように中国では有数の医科大学となり、現在ではアジア・アフリカ諸国から多数の留学生を受け入れている。北京の清華大学に留学しながら瀋陽の建築調査をしていた頃の私は、この中国医科大学のスリランカ人留学生ハビィ君の部屋に数日居候しながら瀋陽の街を歩き廻った。そのとき、目に留まったのは、満洲医科大学の時期に建てられた講堂（図26）と図書館で、現在もそれぞれ中国医科大学の講堂と図書館として使われている。侵略の産物である建物が、持ち主の交替によって、アジア・アフリカの医療水準の向上に役立っている事実に接したとき、建築が社会の動きそのものであると感じた。

植民地政策としての病院事業

旧台北医院

日本の支配地で、共通の事業として展開されたことの一つが病院事業であった。支配地での病院事業は、二つの意味を持っていた。一つは、支配地に移り住む日本人に対して、日本国内と同水準の医療を確保することで、日本人に快適な居住環境を提供することである。もう一つは、支配機関が病院事業を展開することで、被支配者の居住環境を向上させ、支配力を見せつける意味を持っていた。

たとえば、台湾総督府は、一八九七年から工事を始め、木造平屋建ての病棟が九棟からなる台北医院を新築した。ただし、これらの建物は木造であったため、シロアリ被害に遭い、一九〇六年から煉瓦造建物への建て替えがおこなわれた。その結果、煉瓦造二階建の本館（一九一六年竣工）と煉瓦造二階建の病棟三棟が新築された。その後、病棟はさらに増設され、合計六棟の病棟

図27　旧台北医院本館（台湾大学附属医院）

を持つ巨大な病院となった。これらは、現在も台湾大学附属医院として使われている。

このうち、本館（図27）は、いわゆる「辰野式」の外観を持つ建物である。それは、赤煉瓦の壁体を地とし、正面には一階にドリス式オーダーを持つ円柱を、二階にはコンポジット式オーダーを持つ円柱を並べ、窓廻りに白色の部材を使って図とした表現である。日本国内や朝鮮半島では、白色の部材に花崗岩などの石材を使うことが多いが、台湾では、伝統的に洗い出し仕上げが発達していたため、この建物でも腰壁の一部に石材が使われるだけで、他の場所はすべて洗い出し仕上げである。本館の中に入ると目を引くのは、吹き抜けである。柱間三間四方の吹き抜けの天井は中央がトップライトになっている。本館の両脇には、西側にベランダ、東側に廊下を持った翼部が南北に突き出している。本館を後方に進めば、中庭を経て、一本の廊下に通じる。その廊下の両側に三棟ずつ、煉瓦造二階建の病棟がある。これらは、本館と一緒に新築された建物である。その後方には、鉄筋コンクリート造二階建の病棟が、廊下の両側に二棟ずつある。

台湾総督府は、台北だけでなく、基隆、台中、新竹など他の主要都市にも病院を新築していった。基隆医院では、一九二九年に本館が竣工し、新竹医院では一九三二年に本館が竣工したが、これらはいずれも鉄筋コンクリート造二階建の建物であった。台湾総督府による病院建設は、一九世紀末に木造で台北医院を新築してから約三〇年間に、煉瓦造を経て鉄筋コンクリート造へと変化した。

旧大韓医院

一方、朝鮮半島では、統監府によって進められた大韓帝国の近代化政策の中で、一九〇七年、大韓医院が設立され、度支部《たくしぶ》建築所によって本館や病棟が新築された。本館（図28）は、中央に時計塔を持つ煉瓦造二階建の建物として一九〇八年に竣工した。台北医院本館と同様に赤煉瓦の壁体を地とし、窓廻りなどに白色の部材を配して図とした表現を持つ手法は、「辰野式」であるが、台北医院本館と異なるのは、オーダー、円柱、ペディメントという西洋古典建築の意匠の要素が少ないことである。その一方で、建物全体の造形手法は、中央に高い塔を立て、建物本体の両端部を手前に張り出して、中央と両端を強調するというバロッ

図28　旧大韓医院本館（ソウル大学校医学博物館）

ク建築の手法を用いている。これは、大韓医院本館が、一九世紀後半に、欧米でネオ・バロックと呼ばれるバロック建築の再流行の延長線上にあることを意味していよう。

大韓医院では、この本館の後方に、本館と同じく一九〇七年から翌年にかけて、六棟の病棟が建てられた。それらは二列に配置され、渡り廊下で結ばれるという、一九世紀の病院建築の主流であったパビリオン式と呼ばれる配置であった。一九一〇年に朝鮮総督府が設立されると、大韓医院は朝鮮総督府医院となり、この年から一九一一年にかけて、既存の病棟の後方に四棟の病棟が新築された。現在、これらの病棟は残っていないが、本館は、韓国の史蹟に指定され、現在も大韓医院本館という旧称を使いながら、内部は医学の博物館に転用され、ソウル大学校病院医学博物館として使われている。

支配機関の中でもっとも積極的に病院事業を展開したのは、満鉄であった。

満鉄の病院事業

満鉄が多様な事業を展開したことはすでに紹介した。その中で、満鉄沿線に設定された鉄道附属地について、その経営の中で最も多額の費用がつぎ込まれたのが、病院事業であった。

一九〇七年、満鉄は野戦鉄道提理部の資産を引き継ぐとき、野戦鉄道提理部が大連・奉天《ほうてん》など各地に開設していた診療所の運営も引き継ぎ「衛生員配置規定」を定めて医療業務を開始した。この際、大連の診療所を大連医院本院と定め、瓦房店・大石橋・遼陽・奉天・鉄嶺・公主嶺・長春の各鉄道附属地にそれぞれ分院を、それ以外の鉄道附属地（たとえば安東）に出張所を置いた。

これは一九一二年の規定改正によりその名称がいずれも医院（たとえば「奉天医院」とか「長春医院」という名称）となって、表向きの区別はなくなったが、実際には鉄道附属地の規模に比例して病院の規模も決められた。また、この中には、安東のように当初は満鉄以外の機関が設立して、後に満鉄に移管されたものもある。

こうした病院が満鉄の地方経営の中で実際にどの程度費用を要したかといえば、満鉄が本社を大連に移転した一九〇七年から鉄道附属地が廃止される一九三七年までの三〇年間において、病院の建設投資は地方経営における投資総額の七・六％を占め、学校（九・七％）に次いで二番目に多く、また経常費用も地方経営経常支出の二四・八％を占めていた。特に既存家屋を多用していた最初の一〇年間（一九〇七〜一九一六年度）における病院の経常費用（五七七万四七七三円）は、地方経営経常支出（一四七三万一六三八円）の四〇％を占め、それ以後に比べて高率であった。この時期に新築された建物は一六二棟、その延べ床面積は八三四八坪（約二万七五〇〇平方メートル）であった。

病院建築の特徴

さて、本来ならば本院である大連医院が最初に新築されるべきであったが、実際には瓦房店・大石橋・遼陽・奉天・鉄嶺・公主嶺・長春の各分院が先に新築されていった。これは当時、各地で赤痢《せきり》・コレラ・ペストといった伝染病が発生していたことによる。この中で早々と新築された病院は奉天分院と鉄嶺分院の本館・病棟、長春分院の病棟であり、いずれも一九〇九年に竣工した。その後、一九一四年までに各分院の本館・病棟がいずれも竣工した。これら分院の本館はいずれも煉瓦造で、類似した外観と平面を持っていた。たとえば、旧奉天分院（後に瀋陽鉄路公安局、現存せず、図29）と旧長春分院（現、長春鉄路分局医院）の本館を見てみよう。いずれも左右対称の平面と正面である。その正面は中央にアーチの玄関を開け、その上には縦長の三分割された窓が開く。窓上部が丸窓とアーチの差こそあれその構成は酷似している。また、正面の左右には中央が高くなったステップ・ゲーブル（階段状破《は》風《ふ》）破風を立ち上げている。旧奉天分院の破風は上部が平らになっているが、『南満洲写真帖』（一九一七年発行）に掲載された当時の写真を見ると旧長春分院と同様にステップ・ゲーブルにな

図29　旧大連医院奉天分院本館（1987年撮影）

っていた。一九八〇年代には、いずれもクリーム色の塗装が施されていたが、竣工時の外壁は赤煉瓦であるから、その外壁とステップ・ゲーブルの組合せは、オランダやドイツ北部の都市にみられる建物に似ていよう。破風の下も破風に合わせて分割されている。この中央から左右には平屋の診療部分が延び、さらに後に病棟が設けられている。

旧奉天分院本館は三棟の病棟とともに一九〇九年九月に竣工している。この建物は奉天大広場（現、中山広場）に面して最初に建てられた建物である。現在は遼寧省档案館に保管されている満鉄関係の文書には、この建物の竣工を示す同年九月一五日付けの「引継調書」が残されている。それは、工事監者をおこなった井田茂三郎と奉天経理係長松本龔逸が連名で作成した書類で、建物の工事を終え、建物の管理を工務課から地方課に引き継ぐための書類である。書類は、両者の連名で奉天から大連にあった満鉄本社の地方課長茂泉敬孝と工務課長堀三之助に送られた。

旧長春分院

一方、遼寧省档案館には、長春分院本館は設計変更をおこなった末、一九〇九年九月六日に新築決定がなされたことを示す文書も残されている。この日、大連医院長河西健次が満鉄地方課長茂泉敬孝宛に送った文書「満鉄医発連第九三五号」には、床面積八六坪の煉瓦造本館などの工事計画が記され、末尾にはこの年度内の竣工を目指して大至急起工すべき旨が記された。万が一、本館が竣工しない場合には、看護婦宿舎や倉庫などの附属建物を先に竣工させることを要求していた。しかし、再三の催促にもかかわらずこの附属建物は着工されず、しびれを切らした病院側は地方課に新たな設計をせずに先行した鉄嶺分院と同様の設計にて至急着工を要望している。河西大連医院長が地方課長に宛てた一九〇九年九月二二日付け文書には「長春分院附属建物工事（炊事場、倉庫、屍室、柵及門）ハ今ニ着手ノ運ニ不到《いたらず》候処右ハ是非年内ニ竣功セシムル必要有之《これあり》候ニ就テハ鉄嶺分院仝様ノ設計ニテ差支無之《さしつかえこれなく》候条特急御施行相成様御取計相成度此段及御依頼候也」と記されている。

余談ながら、この文書には当時、満鉄本社工務課建築係長を務めていた小野木孝治が記したメモが一緒に綴られている。そのメモには「着手十月十日頃　竣功十一月二十日　但気候ノ関係上中途工事ヲ止タルノ必要アルカモ計ラレズ」と記され、当時の工期が気候に大きく左右され、冬の寒さの厳しい長春では、一一月二〇日が建築工事をおこなう限界であったことがうかがえる。
結局、この旧長春分院は病棟一棟が本館より早く一九〇九年一二月に竣工し、本館はこれから遅れること二年、一九一一年八月に竣工した。この病棟の完成は、翌年、ハルビンを中心としたペストの流行にも対応でき、長春におけるその流行を最小限防ぐことができた。『南満洲写真帖』（一九一七年発行）はこれを「往年ペストの北満地方より伝染し来るや医員万死を冒して能《よ》く日支協同防疫の実を挙げ傅家甸《フジャディエン》の如き悲惨の極に陥らざりし所以《ゆえん》一に此本図医院の存在せしに因れりといふ」と評している。

こうして整えられた病院は、多くの人々の生命を救った。満鉄はこの病院事業を「医院ニ至リテハ其設備ノ整頓セル満洲及支那全国ニ冠タルヲ疑ハス、今ヤ我カ医術漸《ようや》ク支那ニ普及シ且ツ北満地方ヨリ露人ノ遠ク来リテ診ヲ求ムル等稍《やや》済生賑民ノ実ヲ挙クルヲ得タルハ会社ノ最モ満足スル所ナリ」（『南満洲鉄道附属地株式会社十年史』）と自慢した。病院は、それぞれの地域で、支配者にとって被支配者にとって、当面の生活の安全と安心を確保するものであり、その充実は、支配にとって必要不可欠であった。それは、支配者にとって、支配能力を示す道具にもなるという、一石二鳥どころか、一石三鳥となる存在であった。満鉄初代総裁の後藤新平《ごとうしんぺい》が唱えた「文装的武備」を最も具現化したものが病院であった。

大連を舞台にした日米対決――旧満鉄大連医院

満鉄が大連のほか、沿線の鉄道附属地に分院や診療所を置いたことはすでに紹介した。その中で、中心的存在となったのは、大連医院である。

大連医院の新築計画

最初の大連医院の建物は、ロシアが建設した既存家屋を利用していたが、それは、「廃頽甚シク且ツ患者ノ増加スルニ伴ヒ年々修繕又ハ増改築ヲ施シ早速構内余地ナキニ至レリ」（『南満洲鉄道株式会社十年史』）という状態であった。

そこで、一九一〇年から大連医院の新築計画が立てられた。大連医院長から満鉄本社の地方課長に送られた同年三月二日付けの文書「満鉄医発第三〇四七号」には、「大連医院新築予定敷地トシテ別紙図面朱線ノ個所貸下相成候様至急御設計相成度此段及申請候也」と記されている。その新築予定地は、当時、関東都督府の管理地であった。これを貸し下げてもらい、病院を新築しようという計画であった。

さらに大連医院では独自に新築計画を作成し、満鉄本社に新築計画の早期実現を迫った。先の文書から二ヵ月後の五月一九日に大連医院長から満鉄本社地方課長宛てに送られた文書「満鉄医発第六二五号」には「諸般ノ規模狭小ニシテ必要ノ設備ヲ為シ能ハサルタメ治療ハ困難」「病棟ノ如キハ年々不足ノ程ヲ加ヘ頭底《ママ》今後数年ヲ支持シ難キ状況」として、病院の困難な状況を訴え、一九一二年度内の新築を要望した。

ここに記されている病棟の不足は、患者の急増という背景があるが、これは一九〇九年三月から病院の診療を一般市民にも広く開放したためである。それまでの満鉄の医療機関はいずれも社員とその家族の診療を主としていた。この方針転換は「人道ニ畛域《しんいき》ナク仁術ニ偏愛ナシ」（『南満洲鉄道株式会社十年史』）という考えに基づいているが、それは一方で「土民ノ懐柔」（同書）という植民地政策の一環でもある。これは初代の満鉄総裁後藤新平の発案といわれる（北岡伸一、一九八八年）。

そして、この文書「満鉄医発第六二五号」に添付された「大連医院本館新築設計書」によれば、計画された建物は本院（本館）と別館の二棟で、その工費は設備費一五万四〇一〇円を含めて総工費六三万六一七五円である。この計画は、一九一〇年五月二三日、満鉄総裁の決済を受け承認された。しかし、実際に設計が始まったのが一九一二年であり、大連医院長の要望したその年度内の完成とはならなかった。設計の最高責任者であった満鉄本社建築係長の小野木孝治《おのぎたかはる》は、半年間の欧米出張を命じられ、一九一二年一月一四日、欧米の病院視察に出掛ける。

世界水準だった小野木孝治の設計案

半年後、大連に戻った小野木孝治が設計した新築設計案は、後の満鉄建築課長岡大路によればベルリンの「ヴィルショウ病院に似通ったもの」（『満洲建築協会雑誌』一二巻九号）とされる。一九〇六年に竣工したヴィルショウ病院は当時の最先端の病院として世界の注目を集めていたが、その病棟は平屋建てであったのに対して、小野木が設計した病棟は地上二階、地下一階であり、多層化していた。当時、日本国内では病棟を多層化する議論が始まったばかりであった。小野木の設計案はこの点において最先端であった。

この新築設計案に従って一九一四年、第一期工事として病棟二棟と附属家屋の工事が始まった。第一期工事は、翌年第一次世界大戦が勃発すると資材高騰の憂き目に遭い一時工事を中断、一九一六年工事を再開し、一九一七年末に竣工した。第二期工事となった本館の工事は、その後の満鉄の財政悪化により中止された。新築された病棟二棟は伝染病棟に充当され、後に本館が竣工すると看護婦宿舎に改造された。

第二期工事が中止された後、満鉄は、アメリカ・ロックフェラー財団の寄付によって北京に建設され始めた協和医院に刺激され、再び大連医院本館の設計を本社建築課に托した。建築課長の

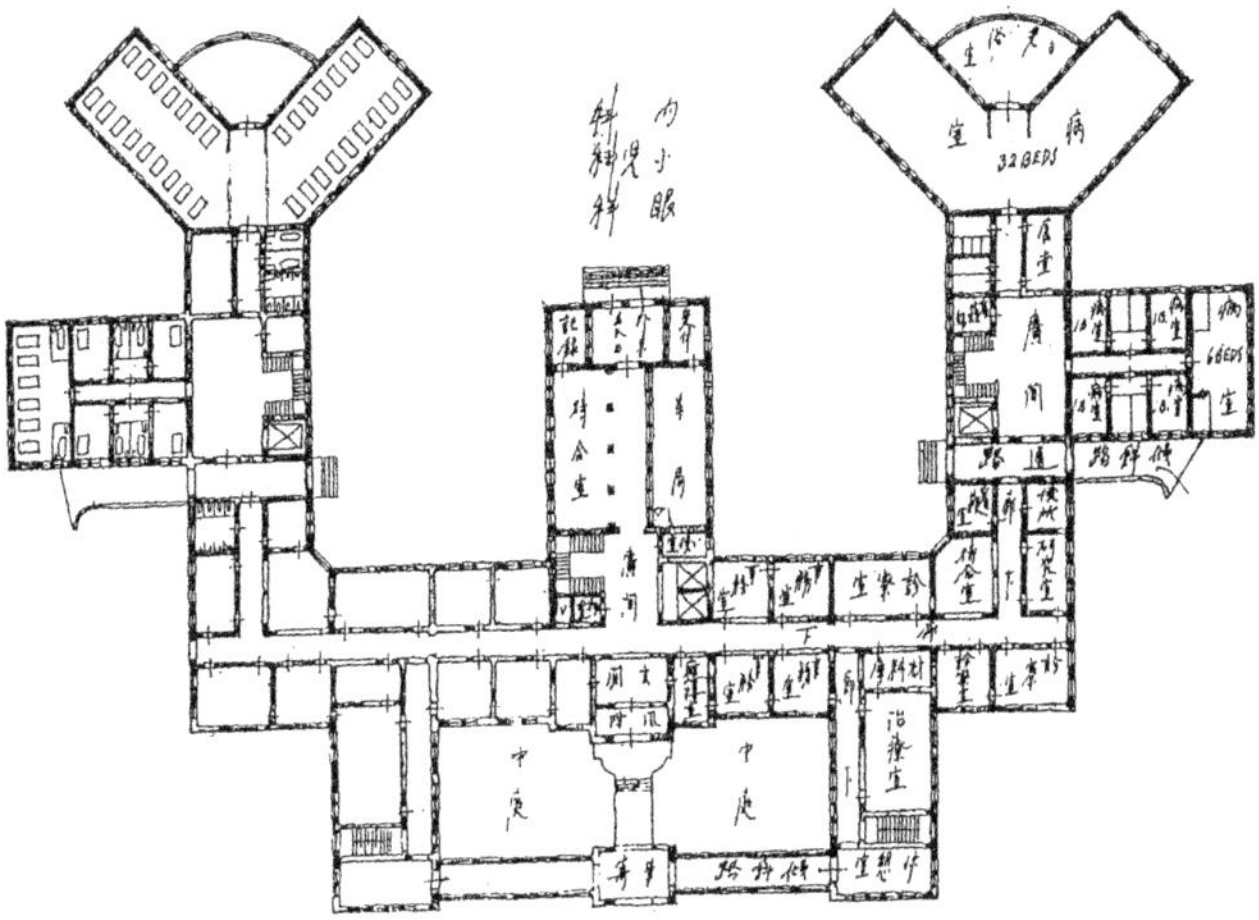

図30　小野木孝治設計の満鉄大連医院新築計画案

小野木孝治は、一九二一年、協和医院をはじめ中国各地に列強が建てた病院建築を視察し、新たな新築計画案（図30）を作成した。その案は、診療科ごとにつくられた単位（ブロック）を積み重ねて三階建として、すべての診療科を一棟にまとめた画期的な案であり、それに応じてエレベーターが、二ヵ所に計画された。それは、世界の病院建築の最先端を行く案であった。平面の最大の特徴は建物の両端に扇を開いたように突き出た病室と日光浴室である。病室の突き出しは、病室のどの部分にも有る程度日光が当たることを配慮したもので、これは、小野木が視察した北京・中央医院を参考にしたものとみられる。

フラー社への依頼

しかし、小野木が部下の小野武雄らと「血眼になって」（小野武雄「小野木孝治氏の事共」『満洲建築雑誌』一三巻二号）作成したこの設計案も実現しなかった。当時の早川満鉄総裁は、その頃東京・丸ビルを施工していたアメリカの建設会社フラー社に設計施工を依頼するという決断を下したのである。

フラー社は、アジア進出の一環として、日本法人フラー・オリエント会社（The George A. Fuller Company of the Orient Limited）を設立し、当時の日本では新しい施工契約である実費報酬加算式施工契約によって東京で丸ビルや郵船ビルの施工契約をおこなっていた。

満鉄は一九二二年六月フラー社との間に大連医院の設計施工契約を結び、新たな設計を満鉄建築課とフラー社の共同でおこなうこととなった。この契約によって、フラー社の設計を満鉄建築課が承認するという設計形態が成立し、実際の設計は満鉄建築課の手を離れた。この契約に基づいて一九二二年九月、フラー社は建築技師パーカー（W. H. Parker）、構造計算技師プラント（F. L. Plant）、機械設備技師ヘイルズ（F. C. Heiles）の三人の技師を大連に派遣して設計を開始し、満鉄建築課からは小林良治らがそれを手助けした。

こうして設計が進められ、一九二三年三月、大連医院の新築工事が起工し、起工直後の同年四月、小野木孝治は満鉄を退社した。フラー社と満鉄建築課による日米対決の第一回戦はこうしてフラー社が設計の主導権を握るかたちで終わった。

起工後、フラー社はさまざまな話題を当時の大連在住日本人建築関係者に提供した。一つは、日本人にはあまり馴染みのない施工契約である実費精算方式が採用されたこと、一つは施工現場に大規模な機械を導入し施工の機械化を図ったこと、一つは合理化された現場監理をおこなったことである。

契約方式の違い

実費精算方式とは、施工者が実際にかかった施工費用をその都度施主に請求して精算するものである。満鉄とフラー社が交わした契約によれば、フラー社は毎月一七日までに前月の建築費と当月の一〇日までの手数料を満鉄に請求し、七日以内にそれらが支払われることになった。

この方式は、俗に「どんぶり勘定」といわれる一括請負方式（工事金額の総額を定めて契約する方式）に慣れきっていた日本人にとっては、特異な方式であった。両者は、互いに一長一短である。実費精算方式では、工事支出の詳細が確認できるので手抜き工事の防止には有効であるが、請求分がそのまま支払われるため実際には工事金額が予算を大幅に上回ることもあり、また、工事費の請求は詳細な請求がおこなわれるためその事務量が膨大になる。一括請負方式は、契約金額に従って工事がおこなわれるので施主にとっては余分な支出がなくなるが、施工者による儲けを増やすための手抜き工事の把握が難しくなる。満鉄大連医院の場合、この実費精算方式の欠点が露呈した。工事途中で満鉄の工事予算を大幅に上回ることが確定的となり、また、日本人には慣れない膨大な事務処理は現場監理をおこなう満鉄の技師たちには大きな負担となった。

そのような状況に加えて、アメリカ人技師が日本人の建築組織を通して中国人や朝鮮人の職人や労働者を監理するという多国籍な状況が生まれ、アメリカ人技師たちはそれに対応し得なかった。当時、満鉄に入社したばかりの平野緑（後に鉄道総局工務科長）は、入社早々、この大連医院の工事現場に配属された。平野は、後に当時を回想して、「フラー社は、工事現場の多国籍な状況に対応できなかった」と筆者に述べている。

フラー社が残したもの

結局、このような種々の状況が混在する中で工事現場での日米間の技術者の軋轢《あつれき》も高まり、また、フラー社が日本の建設市場からの撤退を図ったため、大連医院の工事は、フラー社からの申し出により、起工から一年半を過ぎた一九二四年一一月、施工契約が解約された。建物は竣工しておらず、残工事は大連に本店を置いていた長谷川組と高岡久留工務所の共同企業体に託され、一九二五年一二月竣工した。

ところで、フラー社による施工現場の機械化と現場監理の合理化を目の当たりにした日本人の建築関係者が得たものも多かった。

当時の日本や大連の施工現場には機械と名の付くものは、コンクリートを捏《こ》ねるためのコンクリート・ミルぐらいしかなかったが、フラー社は可能な限り機械を導入した。建物が竣工した当時、満鉄建築課長を務めていた青木菊治郎の遺族の手元にはこの満鉄大連医院の施工現場の航空写真が遺されている。そこには工事現場の周囲に敷かれた鉄道の線路や「釣足場」と呼ばれた特殊な足場が写っている。線路は資材運搬のためであり、満鉄の貨車が使われた。釣足場は、当時アメリカで特許を有していた足場である。普通の足場は地上から組み上げるものだが、釣足場は最上階から片持ち梁のように持ち出したレールによって支えられた足場である。釣足場を支えるレールの根元には巻き揚げ機が取り付けられ、足場を自由自在に昇降させることができた。

現場内における煉瓦の近距離運搬にはブリック・キャッチャーと呼ばれる一度に五枚の煉瓦を挟むことのできる器具を導入した。このブリック・キャッチャーは煉瓦運搬の効率を上げただけでなく、運搬中におきる職人の手の負傷や煉瓦の破損をも極端に減少させた。

また、中国東北地方ではモルタル・コンクリート工事は凍結を避けるために冬期はおこなわないのが常識であったが、フラー社は凍結防止の混和剤をモルタルやコンクリートに混入させて凍結を防ぎ、冬期の工事を可能にした。当時満鉄建築課に所属して現場監督に当たった内田銈司は、『満洲建築協会雑誌』に連載した「実費計算請負法に依れる満鉄大連医院新築工事」の中で、このような施工現場を「研究的な態度で観れば随分学ぶべき点ある事は事実である」と評価している。さらに内田は同じ連載の中でフラー社が用いた書類の書式を紹介している。

しかし、以上のような施工形態は、日本人には不慣れなことが多く、それだけフラー社と満鉄建築課の技師や日本人の職人との摩擦も多かった。習慣の違いから起きる摩擦は、今日の日米摩擦にも共通するものがあるが、結局、日米対決の第二回戦は、終わってみればフラー社がいなか

図31　旧満鉄大連医院本館

った、という結末であった。

　それから八五年、建物は現在も大連最大の病院として使われている（図31）。私は一九九一年九月、思わぬ急病からこの病院のお世話になった。そのときには、本館のみならず、かつて、小野木孝治が設計した最初の病棟、本館より遅れて竣工した伝染病棟が残っていた。ところが、二〇〇九年九月、久しぶりに大連医院を訪れたところ、大胆な改修に度肝を抜かれた。中央の廊下から左右に張り出した病棟の間の中庭に屋根が架けられ、大規模なアトリウムが造られていた。当然、病棟の外壁は、内壁に変わっていた。再生手法として、よくある手法だ。経済成長著しい大連だが、この建物は、二〇〇二年大連市重点保護建築に指定されている。

スパニッシュの図書館

旧奉天図書館

満鉄が鉄道附属地に建設した図書館の中で、建設から九〇年近く、そのまま図書館として使われ続けた建物がある。それは、一九二一年に竣工した満鉄奉天図書館（図32）で、戦後は、瀋陽《しんよう》鉄路局図書館として使われ続けたが、二〇〇九年初頭、都市再開発のため、取り壊された。

満鉄の図書館事業は、大連と奉天（瀋陽）に蔵書数の多い図書館を建設し、他の地区に「簡易図書館」と呼ばれる小規模な図書館を設置するものであった。簡易図書館の蔵書数の不足は、「巡回文庫」という各地を巡回する移動図書館を設けて補った。

その満鉄の図書館事業の核となった奉天図書館は、かつて満鉄が奉天鉄道附属地の住民の憩いの場として整備した旧千代田公園（現中山公園）の近く、小さな通り（旧南一条通、現南馬一路）

図32　旧満鉄奉天図書館（1990年撮影）

に南面して建てられた。外観はいわゆるスパニッシュで、細部に中国建築や当時日本で流行していたセセッションの意匠が採り入れられている。構造は煉瓦造で、現在は内外部ともにモルタル塗りだが、竣工時は日本の漆喰《しっくい》が塗られていたことが工事記録に記されている。屋根は、竣工時には青色のスペイン瓦で葺《ふ》かれていた。白壁に青瓦という対比は鮮やかに映ったに違いない。

一九八五年、筆者は初めてこの建物を訪れたが、その時、玄関手前両側には意味不明な石材が二基あるのに気づいた。実はこれらはかつて玄関を照らしていた玄関灯の名残。この石の上にセセッション風に刻まれた石柱がのり、その上に灯がのっていた。と、周りを見回せばその石柱がこの敷地の隅に上下逆に立っていた。

その後、一九九〇年には、自分の研究も兼ねて、図書館を利用すべく、筆者は中に入った。ところが、この図書館は瀋陽鉄路局という中国国鉄の一組織が管理する図書館であったため、一般の利用はできないとの理由で使用を断られた。もっとも、その交渉をする過程で、建物の内部はしっかりと見ることができた。そのときの様子を再現してみよう。

玄関を入ると、廊下が左右に分かれ、正面には明かり採りを兼ねた中庭があった。右の廊下を進めば図書館の事務室、左の廊下を進めば大小の閲覧室が並んでいる。大小の閲覧室は、竣工時には一般閲覧室、児童閲覧室、婦人閲覧室、新聞雑誌閲覧室という具合に分けられていた。二本の廊下は中庭の後で一つになり広間につながる。晴れた日の広間には中庭に面した窓から明るい陽の光が降り注いでいる。この広間が書籍の請求窓口になっていた。というのは、当初地下に書庫を設けていたが、一九二四年この建物の背面に新しい書庫が建てられ、この広間の奥にはその書庫に繋がる廊下が設けられたからである。

設計のエピソード

ここで、歴史を繙《ひもと》くことにする。設計は、満鉄建築課の一部局であった奉天工務事務所で、担当したのは籠田定憲と小林広次の二人。籠田は青森県出身、東京高等工業学校建築科（現、東京工業大学建築学科）を一九一一年七月に卒業し、満鉄に入社、本社建築係（後の建築課）に配属された。奉天図書館が竣工した当時、彼は満鉄の建築組織の中堅で奉天工務事務所の主任。この後、彼は、満鉄本社建築課長小野木孝治の満鉄退社に合わせて満鉄を退社、小野木横井青木共同建築事務所に入所、後に大倉土木（現、大成建設）大連出張所に転出しており、植民地の建築組織を渡り歩いた建築家である。小林は山形県出身、東京高等工業学校建築科卒業で籠田の二年後輩である。

建物の施工は、当時奉天に本店を置いていた柴崎時蔵が経営する柴崎工務所である。竣工を報じた『満洲建築協会雑誌』二巻五号によれば、起工は一九二一年五月一七日、竣工は同年一一月一九日であるから、工期は約半年である。

気候に影響される工期

ここで工期を示したのには、大きな意味があるからだ。冬の寒さの厳しい中国東北地方では、冬期の工事には困難が伴い、五月から一一月が最適である。一九〇九年秋におこなわれた満鉄大連医院長春分院（後の満鉄長春医院）の簡単な増築工事に関して、建築係長の小野木孝治は竣工予定を一一月二〇日とし、それ以前に寒波が到来した場合は工事を中断する旨のメモを残したが（一二四頁）、これは、一般には一一月二〇日までが工事可能な時期と認識されていたと判断できる。

また寒さが緩む四月は雪解けによる河川の増水で建設資財の運搬に支障をきたすのである。鉄道のない地域への資財輸送は船と馬車に頼る他なく、河川の増水はこうした輸送網を寸断してしまう。たとえば、旧奉天日本総領事館の工事においては、工事途中の一九一二年春、洪水が発生して工事を中断している。これは現場が洪水によって被害をうけたのではなく資財の運搬に支障をきたしたためである。したがって、奉天図書館の工期（五月一七日～一一月一九日）は中国東北地方において一般的に認識された工事可能な期間内のぎりぎりの範囲であったといえる。

さて、二〇〇九年、瀋陽鉄路局図書館は、取り壊され、別の地で新築、すなわち、レプリカが建てられる予定になっている。中国では、よくあることなのだが、「レプリカ建築」の意味を考える好材料となろう。

銀行

どこの都市に行っても、中心市街地には銀行がある。金融機関として、銀行が都心の商業地に立地するのは当然なのだが、それを都市建設の視点から考えると、銀行は都市をつくる拠点であり、都市を飾る道具であるといえよう。また、別の見方をすれば、銀行は都市の経済状況を示すバロメーターでもある。ここでは、植民地銀行と呼ばれる朝鮮銀行、台湾銀行、満洲中央銀行、香港上海銀行など各地に残る銀行建築をめぐり、銀行が持つ存在感を考えてみたい。

朝鮮銀行とゼツェッシオン建築

中村與資平と旧朝鮮銀行

一九八九年一〇月、静岡市役所の市民ギャラリーにて「ドームを抜ける蒼い風・中村與資平展」が開かれた。中村與資平《なかむらよしへい》（一八八〇〜一九六三）は、静岡ゆかりの建築家であった。会場となった静岡市役所だけでなく、静岡県庁、静岡市公会堂、旧第三十五銀行（静岡銀行の前身）本店、大東館、静岡県茶業会館という具合に、静岡市で六棟の建物を設計している。このうち現存している静岡市役所、静岡県庁、旧第三十五銀行本店に加え、彼が設計した旧浜松銀行集会所、豊橋市公会堂の五棟が国の登録有形文化財に登録され、その後、旧浜松銀行集会所は浜松市指定有形文化財となった。

中村與資平は一九〇五年、東京帝国大学建築学科を卒業し、辰野金吾《たつのきんご》が主宰する辰野葛西事務所に入所する。辰野は日本銀行本店や東京駅の設計者として有名であり、明治時代を代表する日本の建築家である。その事務所で中村與資平に最初に与えられた仕事が第一銀行韓国総支店の設計監理であった。工事が始まる一九〇七年の暮れには単身、漢城（京城、ソウル）に赴き、「技師長」として工事現場の最高責任者となった。

建物は、当時の政治状況を反映して、二度の名称変更を経て、朝鮮銀行本店として一九一二年に竣工した。朝鮮銀行は、一九一〇年におこなわれた日韓併合に伴って一九一一年に設立された銀行で、日本の植民地となった朝鮮の中央銀行の役割を果たし、日本銀行券と等価な朝鮮銀行券を発券した。その建物は、地上二階、地下一階、床を鉄筋コンクリート造とし、柱・梁を石

図33　旧朝鮮銀行本店（韓国銀行貨幣金融博物館）

造・鉄骨煉瓦造の混構造としたものであった。この建物は、その後、一貫して朝鮮銀行の本店として使われ、戦後は韓国銀行本店として使われ続けたが、背面に高層の新たな韓国銀行本店が建てられると、内部を改修して二〇〇一年には、韓国銀行貨幣金融博物館（図33）に転用された。

さて、朝鮮銀行本店が竣工した一九一二年、中村は、辰野葛西事務所を辞し、京城に中村建築

事務所を開設した。朝鮮銀行本店の工事での彼の手腕は高く評価され、朝鮮銀行は、彼を実質的な「建築顧問」として遇することとなった。彼は、この待遇を活用し、その後建てられる朝鮮銀行の各地の支店のみならず、多数の民間銀行の本支店の設計監理をおこなうこととなる。結局、彼が京城に建築事務所を置いていた九年間に、朝鮮半島各地で合計二〇件の銀行建築を設計監理した。

旧群山支店とゼツェッシオン建築

この中から、まず、朝鮮銀行群山支店を訪れてみたい。群山は、朝鮮半島西岸の港湾都市であり、米の積み出し港として有名であった。群山から西を見れば、黄海を隔てて対岸は中国の山東半島であり、一九世紀後半から二〇世紀前半の群山は、仁川《インチヨン》と並んで、朝鮮半島と中国との交易の拠点であった。第二次世界大戦後、韓国と中国との国交がなかったことにより、この交易は途絶え、群山は、単なる地方の港町になったが、二〇世紀末、韓国と中国との国交樹立に伴って再び交流が始まり、現在は、群山から中国の青島《チンタオ》などへのフェリーが就航し、群山は再び港湾都市として発展を始めた。

朝鮮銀行群山支店は、その港に近い旧市街地の中に建てられた。一九二〇年に上棟された煉瓦造二階建の建物に急勾配の屋根が架けられている（図34）。この屋根は、途中に横長のガラス窓がぐるりと一周廻した部分があり、これによって屋根面は、上下に分けられている。その窓は外から見ると、銀行の営業室の採光のためとも思われるのであるが、実際に屋根裏に入ってみると、

図34　旧朝鮮銀行群山支店

この窓から取り入れた光は、営業室には届かず、屋根裏を明るくしているにすぎない。この窓の役割は、屋根を二分することであり、上部の屋根を下部の屋根から切り離して浮かせる効果を狙ったものと解釈できる。これは、一九〇〇年前後のヨーロッパで流行したゼツェッシオン建築の真髄である。

ところで、この建物は、戦後、群山が衰退するとともに、銀行からナイトクラブに転用され、本来は吹き抜けであった営業室上部に鉄筋コンクリートの床が設けられた。ところが、そのナイトクラブも一九八〇年代後半には廃業。そのまま、放置されたならまだよかったのだが、借金を背負ったナイトクラブの経営者が保険金目当てで建物に放火したため、一階部分はかなり焼けている。その後、約二〇年、建物は空き家の状態が続き、朽ち果てるままであった。

ところが、韓国で進められた日本の植民地時代の建物に対する再評価の結果、韓国の国家登録文化財に登録された。また、植民地時代の群山を題材にした小説「濁流」にも登場したことも相まって、地元の群山市庁は、この建物に修復工事を施すことを決定し、二〇〇九年から調査が始まっている。建物の脇には、国家登録文化財の説明板があり、そこには、韓国語のほか、英語、日本語、中国語で説明文が書かれている。群山港が再び貿易港としてのにぎわいを取り戻すことを前提にした案内である。二〇〇九年七月、成均館大学校教授の尹仁石さん、広島国際大学准教授の砂本文彦さんと私の三人は、この建物を訪れ、小屋組の調査現場を見るため、屋根裏に入ったが、その際、すでに外されて天井板の上に置いてあった棟札を発見した。これも、今回の修復調査のおかげである。

旧大邱支店

朝鮮銀行では、群山支店と同じ時期に建てられた大邱支店（図35）にもゼツェッシオン様式が採用されている。こちらも、中村建築事務所の設計である。

この建物が、人目を引いたのは、白タイル張りの外壁であろう。黒色の瓦に覆われた低層の家並みが続く中にあって、この建物は、外壁が白色であるがゆえに、竣工時にはひと際目立った存在であったと想像できよう。この時期、日本国内に新築された銀行では、規模の大小にかかわらず、建物正面に円柱や付柱を並べるなど、西洋古典系建築の要素を用いることで立面を三分割することが多かった。それに比べて、この建物では、外壁に付柱はあるものの、その柱頭飾りは控えめであり、また外壁の腰壁も目立たない程度に低い。すなわち、建物の立面を分割する手法は

図35　旧朝鮮銀行大邱支店（1985年撮影）

取られておらず、均質なタイルを外壁全体に張ることで、建物を一つの箱、あるいは、塊として見せる工夫が施されているといえよう。それは、平面的な装飾によるゼツェッシオン様式の表現ではなく、建物としてより立体的な表現を目指した結果であると考えられる。

一方、建物内部は、営業室の上部を吹き抜けにし、周囲にギャラリーと呼ばれる廊下が廻るという当時の典型的な銀行建築の形態である。ギャラリーを支える柱の頭につけられた飾りも、従来の西洋古典系建築に見られる飾りではなく、ゼツェッシオン建築特有の飾りである。

アントン・フェラーとゼツェッシオン様式の建物

さて、中村建築事務所が設計した建物の中で、ゼツェッシオン様式の建物は、これらの他に、まだ、二棟あったことが判明している。一つは、京城（ソウル）の市街地に建てられた天道教中央教会であり、もう一つは、中国東北地方の開原《かいげん》に建てられた開原公会堂である。

このようなゼツェッシオンの流入には、中村與資平の下で天道教中央教会の設計を担当したオーストリア人建築家アントン・フェラー（Anton FELLER）が大きな役割を果たしている。フェラーは、一八九二年、オーストリア・チロル地方の保養地ザンクト・イン・ヨハンに生まれ、一九一三年スイスのチューリヒ・ポリテクニクム（スイス連邦工科大学チューリヒ校の前身、ポリテクニクムは大学と同等水準の教育を施す工科系の高等教育機関、当時の日本では高等工業学校と訳すことが多い）の建築学科に入学している。しかし、翌年、第一次世界大戦が勃発すると、学校を休学し、オーストリア兵としてロシア戦線に参加した。ここで捕虜となってシベリア・チタの収容所に送られたが、ロシア革命の混乱に乗じて脱走し、たどり着いたのが大連。ここで人を介して紹介されたのが、中村與資平であった。

中村與資平は「ドイツ工学士」を自称するフェラーの腕を見込んで、彼を京城の事務所の住み込み所員にした。学校を卒業していないフェラーが工学士であるはずがないのだが、地球の反対側のことなど、誰も本当のことは知るまいとして、大見得切って工学士を自称したのであろう。

そのフェラーが、ゼツェッシオンを持ち込んだ張本人である。

当時、京城の中村建築事務所の所員であった山崎河《とおる》さん（すでに故人）は、一九八四年、筆者に当時の中村建築事務所の状況を語ってくれたが、そのとき、これらの建物の設計担当はフェラーだった、と述べている。そして、フェラーが設計を担当したこれらのゼツェッシオン建築を見ると、彼は、ゼツェッシオンを単なる表面的な装飾ではなく、立体的な形態をつくる手法として認識し、それを表現しようと試みたことがうかがえる。たとえば、朝鮮銀行群山支店では、入口廻りの控え壁や一階の窓に設けられた防護用格子のかたちは、いわゆる下膨れ、すなわち、下に下がるほど膨らみを持っている。屋根を分割する横長のガラス窓は紹介したが、そのガラス窓のうち、正面中央の屋根部分には、まるで人が瞼《まぶた》を開けたごときドゥーマ・ウィンドウ（屋根窓）が付けられている。また、開原公会堂では、腰壁に荒削りの石を張り、腰折れ屋根の妻を見せるというゼツェッシオン特有のかたちをした玄関を付け、さらに屋根の上には採光を兼ねた塔を立てたが、その塔はつくしの頭のような紡錘形である。これらはいずれもゼツェッシオンならではの形態をしているが、それは、平面的な正面を立体化しようとしている。朝鮮銀行大邱支店での外壁全体を白タイル張りとしたのも、この工夫の現れであった。

ただし、このようなフェラーの試みに中村がどの程度理解を示していたかは不明である。というのは、中村與資平は、ゼツェッシオンなどの新様式の知識が乏しく、また、後のヨーロッパ旅行の際、ハンガリーのブダペストで見たアール・ヌーヴォー建築やゼツェッシオン建築を「醜悪なもの」と批判している。そして、フェラーが中村の下を離れた後、中村建築事務所が設計した建物には、この傾向がまったく見られない。

中村與資平のその後

さて、中村が京城に建築事務所を構えて実質的に活動していたのは、一九一二年四月から一九二〇年一二月までの九年弱。その間、一九一七年から三年間は、大連にも出張所を設けていた。そして、両方の事務所で設計した建物は、二四件の銀行のほか、公会堂や教会、学校といった公共性のある建物、新聞社や商社、さらに商店や工場など多種多様であり、それらが二五件、合計四九件の建物を設計している。この他に資料は残っていないが、前出の山崎さんの記憶では、個人住宅の設計も相当数あったという。

ところが、その華々しい時期に彼は自ら終止符を打って、事務所の東京移転をおこなった。直接の原因は、一九二〇年暮れ、住み込みで働いていたフェラーの失火によって彼の事務所が全焼したことである。

この時、事務所を再建するという選択肢もあったが、中村與資平は事務所の東京移転を決意し、実行する。移転に先立ち、彼は、一九二一年三月から一九二二年一月にかけてフェラーを連れてアメリカ・ヨーロッパ旅行に出た。旅行の途中、行方不明扱いですでに学校を除籍されたフェラーを実家に送り返した。

帰国した中村は、事務所を東京に設けた。そのとき、京城の中村建築事務所は、所員だった岩《いわ》崎徳松《さきとくまつ》（一八八九〜一九二四、一九〇八年福岡工業学校建築科卒）に譲り、大連の事務所は、所員の宗像主一《むなかたしゆいち》（一八九三〜一九六三、一九一九年東京帝国大学建築学科卒）に譲った。

街を飾った銀行建築

旧横浜正金銀行

中村與資平が各地の朝鮮銀行の店舗を設計していた頃、中国東北地方に進出した日本資本の銀行は朝鮮銀行だけではなかった。大連では、すでに見たように、横浜正金《よこはましょうきん》銀行が進出し、一九〇九年には、当時の大連の都心であった大広場に面して大連支店の建物を新築していた。大連だけでなく、奉天、営口、長春でも、横浜正金銀行は店舗を開設し、同じ日本資本の銀行でありながら、朝鮮銀行と金融覇権争いを演じていた。

中国東北地方に先に進出したのは、横浜正金銀行であった。日露戦争中の一九〇四年、日本軍占領下のダーリニーに支店を開設し、日本軍が戦地でおこなう物資調達に必要な銀本位の軍票を回収する任務を負った。日露戦争後、一九〇六年には大連支店において銀本位の兌換《だかん》券である横浜正金銀行鈔票《しょうひょう》を発行した。これは、中国の伝統的な貨幣制度が銀本位であり、中国における日本人商工業者の便宜を図るためであった。

ところが、満鉄社員をはじめ、中国東北地方で生活を始めた日本人にとって、銀本位の横浜正金銀行鈔票は不評であった。それは、銀相場の変動によって、横浜正金銀行鈔票の価値が目減りする不安を絶えず持つこととなったためである。満鉄や関東都督府は、一九〇七年から給料を日本銀行券で支給し始めた。そして、一九一三年から、金本位の朝鮮銀行券が流通し始めると、満鉄は、社員の給料を朝鮮銀行券で支給した。ところが、横浜正金銀行が、朝鮮銀行に対抗するかたちで同じ年から金本位の横浜正金銀行券を大連支店で発行したことによって、金本位と銀本位の二種類の横浜正金銀行券が流通したため、日本人の間では大変な混乱が生じた。そこで、一九一八年、金本位の発券は朝鮮銀行に一元化され、横浜正金銀行は銀本位の鈔票のみを発行することとなった。

金融覇権争い　しかし、二つ銀行による金融覇権争いは続いた。これは、双方の思惑の違いからくるものであった。朝鮮銀行としては、日本銀行券と等価である朝鮮銀行券の流通拡大が日本の経済力の伸長につながり、また、中国東北地方を日本の経済圏に取り込むものであると認識していた。他方、横浜正金銀行は、中国の貨幣制度に合わせた銀本位の鈔票を発行することで、日本人商工業者による中国での経済活動への便宜を図ったものであり、彼らの経済活動が伸長することで、中国に対する経済的影響力を拡大できると考えていた。しかも、銀本位の横浜正金銀行鈔票の流通拡大は、金本位の朝鮮銀行券に比べて中国側を刺激しない、という読みもあった。

このような双方の思惑の違いは、当時の日本政府内部の思惑の違いでもあった。横浜正金銀行の中国への進出を後押ししたのは、当時の大蔵省であった。それに対して、中国東北地方に設けられた関東都督府や満鉄といったいわゆる「現地機関」は、横浜正金銀行鈔票の流通量が少ないことを目の当たりにし、また、不安定な銀相場が現地在住日本人に不安を与えることを考え、金本位の通貨を望んでいた。このような日本国内と現地機関との思惑の違いから、日本資本の二つの銀行が覇権を争うという構図が生まれたのである（多田井喜生、二〇〇二年）。

店舗の新築競争

二つの銀行の覇権争いは、店舗の新築をも競うこととなったが、その競争に、中村與資平と彼が主宰した建築事務所の関係者が関わることになる。

このうち、大連での店舗新築はすでに「広場と官衙」の章で見たとおりである。奉天（瀋陽）では、一九一六年、朝鮮銀行奉天支店の建物が、奉天城内にある小西関大街に新築された。建物は煉瓦造二階建で、設計は、中村與資平が主宰した京城の中村建築事務所である。中村建築事務所が大連に出張所を開設するのは、この建物が竣工した翌年であり、この建物は、中村建築事務所にとって、中国東北地方での最初の設計物件であった。

ところで、金本位の朝鮮銀行券を発行する朝鮮銀行が満鉄鉄道附属地ではなく、張作霖《ちょうさくりん》が実権を握っていた奉天省政府の拠点である奉天城内に店舗を新築したのは、一見すると奇異である。しかし、この場所は、奉天城内最大の繁華街であった四平街と商埠地最大の繁華街である十間房とを結ぶ位置にあり、いわば奉天の経済にとって重要な位置であった。加えて、この時期、朝鮮銀行は奉天省政府の要請に応じるかたちで、一〇〇万円の借款《しゃっかん》をおこなっていた。朝鮮銀行が中国東北地方での影響力拡大を裏書する店舗新築であった。

これに対して、横浜正金銀行は、日本人が多数住む奉天鉄道附属地の中心地となりつつあった大広場に面した敷地に奉天支店を新築した。建物は、一九二五年に竣工した鉄筋コンクリート造二階建で、外壁に茶褐色のタイルを張り、正面中央の軒にはメダリオンが付された。内部は、営業室の上部を吹き抜けとする当時の典型的な銀行建築の形態をとっている。設計は、一九一八年から中村建築事務所の大連出張所員を務め、その後、大連出張所を引き継いだ宗像主一である。

横浜正金銀行奉天支店の竣工から六年後、一九三一年には、同じ奉天大広場に面して、横浜正金銀行奉天支店とは向かい合う場所に、朝鮮銀行が新たな奉天支店の建物を建設した。設計は、朝鮮銀行営繕係の三宅喜代治である。建物は、鉄筋コンクリート造二階建で、正面に六本のイオニア式ジャイアント・オーダーを並べ、外壁には白色のタイルが張られている。外壁に張られたタイルの色の違いから、横浜正金銀行奉天支店とはまったく異なった外観にも見えるが、よく見ると共通点も多い。いずれも二階建であることは、当時の銀行の支店としては標準的な規模であるが、着目したいのは正面のかたちの創り方である。いずれの建物も正面中央の外壁を両脇の外壁よりも後退させ、その前面に六本の付柱を並べている。建物の現況を見ると、朝鮮銀行奉天支店の方が左右に広がった規模になっているが、これは後の増築であり、竣工時は、両翼がないので、横浜正金銀行奉天支店とほぼ同じ規模である。そして、正面中央のパラペットを周囲より高く立ち上げ、正面中央にある玄関の存在を示すとともに、正面が左右対称であることを強調している。対称の中心を示すため、横浜正金銀行奉天支店では、メダリオンが付けられ、朝鮮銀行奉天支店ではパラペット上部にペディメントが付いている。これら二つの建物が面する広場は、図形の特質として求心性の強い円形を基本とした広場であり、そこに面する建物としては、否応なく、左右対称の正面をつくる結果となったといえよう。

文化財となった二つの銀行

さて、後日談である。旧横浜正金銀行奉天支店は、戦後、中国人民銀行の店舗となり、その後、中国工商銀行の店舗として現在も使われている（図36）。旧朝鮮銀行奉天支店は、いったん企業の事務所に転用されたものの、結局、華夏銀行の店舗として使われている（図37）。この間、瀋陽では、一九九〇年から地元の瀋陽建築工程学院を中心に、清華大学と東京大学が協力するかたちで近代建築調査がおこなわれた。そして、一九九六年には、その調査結果を基に、主要な近代建築が次々と瀋陽市文物保護単位として文化財指定を受けた。ここで紹介した二つの銀行建築もこのとき、文化財指定をうけた。そして、二

図36　旧横浜正金銀行奉天支店

図37　旧朝鮮銀行奉天支店

図38　旧朝鮮銀行長春支店（1985年撮影）

〇〇七年には、「中山広場及周囲建築群」という名称で、広場全体とそこに面する建物すべてが遼寧省の指定文化財となった。

長春での競争

朝鮮銀行と横浜正金銀行の競い合いは、長春でも起きていた。長春では、一九二〇年、鉄道附属地の中心地であった南広場と呼ばれた円形広場に面した敷地に朝鮮銀行が奉天支店を新築した。設計は、中村建築事務所の大連出張所が担当した。建物は、煉瓦造二階建で、外壁に赤煉瓦を見せる「辰野式」である（図38）。

この建物の竣工から二年後、一九二二年には、横浜正金銀行が、長春駅と南広場を結ぶ鉄道附属地の幹線街路であった日本橋通（東斜街）に面した場所に長春支店を新築した。建物は煉瓦造二階建で、正面中央の壁面を両端よりも後退させ、その前面に柱を並べる構成は、奉天支店や朝鮮銀行奉天支店と同じ手法である。設計は、朝鮮銀行長春支店と同じ中村建築事務所大連出張所であり、担当したのは、大連出張所長の久留弘文《ひさとめひろふみ》（一八九〇～一九三一、一九一五年東京帝国大学建築学科卒）と宗像主一である。

さて、こちらにも後日談がある。旧朝鮮銀行長春支店は、戦後、中国人民銀行など、銀行の店舗として半世紀にわたって使われた。この間、一九八六年には、二階建から三階建に増築されたが、その外壁は竣工時と同じ「辰野式」の外壁で増築された。ところが、その後の経済発展の中で、この建物は建て替えになり、現存していない。

一方、旧横浜正金銀行長春支店は、戦後、商店になるなど、使用者が二転三転した結果、長春雑技宮という名の施設になり、地元の雑技団の事務所と練習場に生まれ変わった。二〇〇九年には修復工事が施され、玄関には横浜正金銀行の名を刻んだ銘板が復原された。

ところで、旧横浜正金銀行長春支店の施工は、当時、大連に本店を置いていた高岡工事部という建設会社が請け負った。その主宰者であった高岡又一郎は、陸軍工兵として土木・建築の知識と技術を習得した人物であり、日清戦争では大連湾や台湾に出向いた経験の持ち主である。陸軍を辞した後には天津の日本租界で市街地造成の仕事に従事し、さらに、日露戦争では日本軍占領地で活動した後、関東都督府の技手になった人物である。その後、大連で建築、土木工事の請負業に従事していた。彼は、旧横浜正金銀行長春支店の工事で、監理にあたった久留弘文と懇意になり、建物の竣工後、一九二二年六月、久留と共同経営による高岡久留工務所を設立した。それまでの高岡工事部は、施工のみを請け負う施工業者であったが、高岡久留工務所は、久留を設計部門の責任者に据え、高岡が施工部門の責任者となって社内分業を図りながら、建築の設計施工を一貫して請け負う、いわゆるゼネコンであった。

このように、朝鮮銀行と横浜正金銀行は、中国東北地方における金融覇権を争い、それを具現化するかの如く、店舗新築がおこなわれた。ところが、競い合ったはずの二つ銀行の店舗は、中村與資平とその関係者によって設計されていた。そして、副産物として、当時の大連では珍しかったゼネコンが誕生した。

海を跨いだ銀行建築——台湾銀行と満洲中央銀行

朝鮮銀行と同様に、日本の支配地に設立され、経済支配の中枢となったのが台湾銀行と満洲中央銀行である。いずれも、その本店は、今も銀行として使われている。

旧台湾銀行

台湾銀行は、一八九九年、台北に本店を置いて営業を開始し、日本銀行券と等価な台湾銀行券を発行した。最初の本店は、台北市内にあった既存の建物を銀行に転用したものだった。その後、一九〇二年九月、台湾銀行は新たな本店の建設工事を始め、一九〇四年一月、建物は竣工した。設計は、当時、台湾総督府営繕課技師を務めていた野村一郎に託された。建物は木造で、外観は一部を二階建に見せながら、実際は平屋建であった。建物の外壁には瓦が貼られ、その上に漆喰と防水ペンキを塗って仕上げたものであった。今日の感覚では、植民地台湾の経済を支える中央

図39　旧台湾銀行本店（台湾銀行総行）

銀行の本店としては、あまりに簡便過ぎる感じを受けるが、同じ頃、日本国内でも日本政府の特殊銀行として設立された日本勧業銀行の本店（一八九九年竣工）が木造で建てられたことを考えれば、当時の感覚では、簡便なものではなかった。

その後、この本店は建て替えられ、一九三七年、新たな本店の建物が竣工した。設計は、東京に建築事務所を構えた西村好時《にしむらよしとき》がおこなった。建物は、鉄骨鉄筋コンクリート造、地上三階、地下一階であり、延床面積約九五一九平方メートルの巨大な店舗となった。並び建つ台湾総督府庁舎や一九三四年に竣工した台湾総督府高等法院庁舎とともに「司法、行政、金融の大本山が大廈《たいか》を競う」（『台湾建築会誌』八巻三号、一九三六年五月）と評されたことからも、台湾においては、巨大な建物であったことが推察できよう。

この建物は、今も台湾銀行総行（本店）として使われている（図39）。ただし、現在の台湾銀行は、国共内戦の後、台湾に拠点を移した中国国民党政権下において、中華民国の新たな中央銀行として設立された銀行であり、新国幣（ＮＴＤ）と呼ばれる紙幣を発券した。その後、発券業務は台湾中央銀行に移管され、台湾銀行は一般の銀行となった。

一方、建物は、植民地時代の台湾銀行本店が、そのまま使われ、現在に至っている。建物の背面に増築部分があるが、正面の外観や営業室の内観は、竣工時と変わらない。建物の正面には、二階・三階を貫くジャイアント・オーダーが八本並んだ。二層分を貫くジャイアント・オーダーを並べる手法は、当時の銀行建築によく見られる手法である。

ジャイアント・オーダーの特徴

ところが、日本国内の銀行では、このような規模のジャイアント・オーダーを建物の正面に並べるときは、花崗岩《かこうがん》貼りとすることが多いが、この建物では、人造石洗い出し仕上げである。詳細な事情は不明であるが、台湾からの留学生で壁塗り技術などを研究している葉俊麟さんによれば、台湾では、伝統的に壁塗りの技術が発達し、特に、植民地時代には、洗い出し仕上げの技術が飛躍的に向上していたという。これは、相対的に良質な建築用石材が少なかったことが背景にあるが、それだけでなく、台湾は東アジア地域の中で最も早く鉄筋コンクリート造が普及し、その仕上げとして人造石洗い出し仕上げの需要が高かったことも、洗い出し仕上げの技術が向上した原因であろう。ちなみに、私は二〇一〇年九月、葉さんや写真家の増田彰久さんと一緒に台北市内の近代建築を見て廻った経験があるが、葉さんに指摘されて初めて洗い出し仕上げが施されているのに気づいた場面が何度かあった。なぜかといえば、日本国内の近代建築では常識的に石が使われていると思われるところでも、台湾の近代建築では洗い出し仕上げにしているところが多いからである。

三階吹き抜けの営業室と木製サッシュ

さて、建物の内部に入ろう。今は、普通の銀行であるので、写真撮影はできないが、客溜りで建物内部を見るのは可能である。内部は、一階の営業室と客溜りの上部を三階まで吹き抜けとしている。営業室と客溜りを吹き抜けとすることは、規模の大小を問わず、銀行建築の定番ともいえる設計手法だが、この建物は規模が大きいので、吹き抜けも三層となっている。そして、外観に合わせて営業室内部にも二階、三階を貫く柱が設けられ、その表面には大理石が貼られているが、柱の構造体と表面に貼られた大理石の隙間を利用して、空調のダクトを配管し、柱に空調の吹き出し口を設けている。

ところで、竣工時に『台湾建築会誌』に掲載された記事を見ると、「正面大窓及北側各階窓は鋼製サッシュとし、其他は木製とす」と記載されている。すなわち、建物正面の場合、ジャイアント・オーダーの後方にある二階、三階を貫く窓はスティールサッシュだが、それ以外の窓は木製サッシュであるということだ。防犯や防火に敏感な銀行建築であるはずなのに、木製サッシュを使うのは奇異の感がある。これには、当時の台湾特有の事情があった。台湾では、日本国内に比べて早く鉄筋コンクリート造が導入された。その際、窓枠もスティールサッシュが使われたが、雨の多い台湾では、サッシュの腐食が激しく、また、鉄筋コンクリートの壁に埋め込まれたサッシュが腐食し、爆裂を起こすと、周囲のコンクリートを破壊するという事例が起きた（井手薫「改隷四十年間の台湾の建築の変遷」『台湾建築会誌』八巻一号、一九三六年一月）。したがって、その反省から、台湾銀行本店では、隣接する建物がなく、雨の当たり方が激しいと想定される場所に木製サッシュが使われた。もちろん、防犯上の問題があるため、一階の窓の外側には鉄格子がはめられた。

旧満洲中央銀行

さて、台湾銀行本店の設計をおこなった西村好時は、ほぼ同時に、満洲国の中央銀行であった満洲中央銀行の本店（総行）を設計していた。満洲中央銀行は、満洲事変によって関東軍が差し押さえた東三省官銀号の資金などを資本金に、表向きは東三省官銀号など中国東北地方にあった有力な銀行を統合するかたちで成立した銀行である。総行は、新京（長春）に置かれ、当初は、吉林永衡官銀号や東三省官銀号の建物を使っていたが、一九三四年四月に新築工事が始まった。場所は、満洲国政府が新たな市街地の中心となるべく建設した大同広場（現、人民広場）と呼ばれた円形広場に面した場所であった。この広場は、直径三

図40　旧満洲中央銀行総行

〇〇メートルの巨大な円形広場であり、一九三三年には満洲国政府の最初の新築庁舎が竣工していた。それらに続いて建てられたのが、この満洲中央銀行総行であった。

　建物（図40）は、現在、中国工商銀行、中国人民銀行、中国銀行、国家外匯管理局吉林省分局が共同で使用しているが、銀行であることに変わりはない。建物の構造は、柱と梁からなる架構を鉄骨鉄筋コンクリート造とし、そこに鉄筋コンクリート造の床を渡し、壁を煉瓦造としたものである。正面には花崗岩のドリス式オーダーの円柱を一〇本並べ、扇形の敷地に合わせてその平面は鳥が翼を広げた如く広がっている。ただし、建物正面に向かって左側の翼部は、戦後の増築である。

巨大な円柱

　正面に立ち並ぶ円柱は遠くから見ていると大きさを感じさせないが、

そこに出入りする人々の身長と比べればよくわかる。円柱の柱身は、いずれも七個の花崗岩の塊を積み上げているが、出入りの人々の身長とその一個の花崗岩の塊の高さがほぼ同じである。しかも柱身底部の直径は約一・八メートルである。これら一〇本の円柱は、比例を考慮して設計されている。例えば、隣り合う柱身相互の心々間の距離はオーダーのアバクスの大きさの三倍になっている。

その巨大な円柱を眺めながら、建物の中に入ると、そこは今も昔も銀行の営業室、建物の外観同様の巨大な空間が広がっている。まず、目につくのは、高い天井の中央部に設けられたヴォールト状の天窓である。天窓を支える柱を見ると、柱間は奥行五間・間口三間、柱間一間が五・五メートル程だから、その大きさは縦二七・五メートル、横一六・五メートル、すなわち約四五〇平方メートル（畳二七五枚分）になる。そこに半透明のガラスがはめ込まれている。

さて、営業室を見まわすと、営業室の巨大な空間を支える三〇本の円柱、延六〇メートルにも及ぶ備え付けのカウンター、待合の椅子・テーブルという具合に、目に入るもの全てに白大理石が使われている。

膨大な建築用鋼材

建物は、一九三四年四月に起工し、一九三八年六月に竣工した。ただし、この時竣工したのは中央部の営業室と東側（建物に向って右側）翼部である。この部分が第一期工事として建設され、西側翼部は第二期工事とされていた。しかし、第一期工事だけで使われた鋼材は、鉄骨と鉄筋を合わせて五〇九〇トン。当時の中国東北地方における建築用鋼材の年間総使用量が九〇〇〇トンというから、この建物に使われた鋼材がいかに膨大であったかがわかる。ところが、第一期工事が竣工した一九三八年六月は、すでに日中両国が全面的な戦争に突入し、資材調達は難しくなっていた。その影響で第二期工事はおこなわれず、西側翼部は未完のまま、日本の敗戦と満洲国の崩壊を迎えた。

建物は、中華人民共和国の成立後、中国人民銀行の支店として使われ、一九八〇年代になって、西側翼部が増築された。その後、中国人民銀行が中国工商銀行に貸すかたちで、建物中央の営業室は中国工商銀行が使っている。

東アジアを股にかけた銀行建築家

さて、設計者の西村好時は、この建物と前出の台湾銀行本店の設計をほぼ同時に進めていた。彼は、一九一二年に東京帝国大学建築学科を卒業した後、清水組設計部長や第一銀行営繕課長を務め、その後、東京に西村建築事務所を開設していた。この間、彼は、数多くの銀行、特に清水組と関係の深かった第一銀行の店舗を多数設計した。一九三〇年に竣工した第一銀行本店も彼の設計であった。こうして彼は、銀行建築の専門家としての道を歩むことになる。極めつけは、一九三三年に『銀行建築』という本まで執筆したことである。

日本はかつて植民地として朝鮮半島と台湾を領有し、中国東北地方を支配した。その支配地には、それぞれ中央銀行を設立し、それぞれの中央銀行券と日本銀行券を等価のものと位置づけて、経済の支配を試みた。その結果、設立されたのが、台湾銀行であり、朝鮮銀行であり、満洲中央銀行であった。これらに戦前唯一の外国為替管理銀行であった横浜正金銀行を加えた四銀行が日本の東アジア支配を経済面から支えた。

西村好時は、そのうちの台湾銀行本店と満洲中央銀行総行を設計した。また、中村與資平は朝鮮銀行本店の設計担当となり、監理をおこない、その後、朝鮮銀行の店舗を設計するばかりか、横浜正金銀行の中国東北地方進出に伴う店舗新築にも関わった。西村好時と中村與資平は「東アジアを股にかけた銀行建築家」と呼ぶべき存在である。

金融覇権を争った外国銀行

さて、瀋陽や長春で横浜正金銀行と朝鮮銀行が金融覇権を競っていた頃、さらに北に位置していたハルビンでは、イギリス資本の植民地銀行である香港上海銀行によって、一つの騒動が起きていた。

旧香港上海銀行ハルビン支店

ハルビンがロシアの世界政策で生まれた都市であること、二〇世紀初頭のハルビンが国際色豊かな都市であったことは、すでに紹介した。ハルビンの国際性を示す一つの事例が、外国資本の銀行のハルビンへの進出である。列強が中国分割に乗り出したとき、その経済侵略に一役買ったのが、商社と銀行である。たとえば、現在も香港の発券銀行である香港上海銀行は、かつて香港と上海にそれぞれ本店を設立して、同じくイギリス資本のジャーディン・マセソン商会とともに東アジアの経済を牛耳ろうとした。香港上海銀行は、上海バンドの真中に一九二三年上海本店を新築した。この建物は当時「スエズ運河からベーリング海峡における最高傑作の建築」と評され、香港上海銀行の繁栄ぶりを示した（村松伸、一九九一年）。

巨大な銀行建築

その香港上海銀行は、上海本店が建設途中にあった頃、ハルビンでも経済界に大きな話題をまいた。というのは、時を同じくしてハルビン支店（図41）も新築され、その建物が当時のハルビンに立っていた銀行建築としてはあまりに巨大であったからである。

香港上海銀行ハルビン支店は一九二三年、当時ポレワヤ（中国名：田地街）とウオドプロウヲドナヤ（中国名：水道街）と呼ばれた二筋の道路の交差点角に建てられた。現在も中国銀行濱江分行として使われている現役の銀行建築である。構造は、床を鉄筋コンクリート造、壁を煉瓦造とする混構造で、中国ではよく見られる構造である。

外観は、銀行建築では世界的によく見られる三層構成、すなわち第一層部分を基礎部分となし、中間層にはドリス式円柱が二本一組になったカップルド・コラム（双柱）が六組並び立つ。これらの円柱はジャイアント・オーダーと呼ばれるように建物の二層分を貫いて高く聳え立つ。そのジャイアント・オーダーに支えられて、アティック（屋階）と呼ばれる最上層がのる。この建物の場合、一番上に立ち上がるパラペッテが建物全体の高さに比べて少々高いようだ。下から見上げるとアティックのほとんどがパラペットに見えてしまう。外壁は擬石で、どこにも石材は見当らない。香港上海銀行の財力をもってしても石材の購入は難しかったとみえる。

さて、この建物の建設がどれほどの話題をまいたかといえば、たとえば、ハルビン日本商工会議所が編集発行した『哈爾濱日本商工会議所時報』の一九二二年五月号には、「哈爾濱に巨大な建築を為した香港上海銀行は如何に活躍せんとするか」という見出しの下に次のような記事が載った。

図41　旧香港上海銀行ハルビン支店

哈爾濱埠頭区「ポレワヤ」街の一角に巍然《ぎぜん》として聳ゆる五層楼は、香港上海銀行の建物である。未だ工事中で詳細な点は不明であるが今日までに調査し得た所によると、敷地総坪数千三百露坪で、上海銀七〇万両を投じたものである事は確かである。斯《か》く本建築が巨資を投じた大規模なもの丈《だ》けに、之れに対する人々の噂も非常なもので、或者はありと凡有《あらゆる》銀行業務を為し満洲に一大勢力を布《し》かんとするものであると云ひ、或者は西伯利《シベリア》迄手を伸すものだと云ひ、或者は家が大きいばかりで人々が噂する程活躍するものではないと云ふ。
五層というのは四層の間違いだが、一三〇〇露坪というのは約五九一八平方《メートル》というものだから、建物の規模が大きすぎて、いろいろな憶測が飛んだのである。床面積六〇〇〇平方《メートル》といえば今日の感覚でいえば大した規模ではないが、当時のハルビンの日本人にとっては巨大建築であった。どのくらい大きいかといえば、その床面積は、日本でいえば、これより一〇年の後に東京や大阪に建てられた事務所建築に相当する。例えば、東京・京橋にある明治屋ビルヂング（一九三三年竣工）は、延床面積が五、四五六平方《メートル》であるから、これに匹敵する。中国東北地方に住む日本人にとって、この四階建ての銀行はよほど巨大に見えたのであろう。
結局、ハルビン日本商工会議所は、不安が混じった憶測を打ち消すために香港上海銀行に対する調査を行ない、次のような結論を得た。

此の有力な銀行が哈爾濱に乗り込んで来て、今日まで約二ヶ年半の間之《これ》と云ふ仕事もせず、調査に日を送つて居たものが、突然巨大なる建築を為し従来の出張所の格を支店に引揚げたるに就ては何か確信する所があつたに相違ない。要するに香港上海銀行は飽迄《あくまで》「エキスチェンジバンク」として立つものと見るが至当であって爾余《じょ》の業務は之れに付随した事業であると見ればよい。

これを読んだ日本の経済関係者はきっと胸をなでおろしたに違いない。なお、この建物は、現在、ハルビン市政府によって第Ⅰ類保護建築に指定されている。

ところで、香港上海銀行は、この後、張学良政政権下にあった奉天（瀋陽）でも、支店の建物を新築している。場所は、旧奉天城と満鉄鉄道附属地の間に広がる商埠地と呼ばれる場所の最南端を通る十一緯街に面した場所である。この街路は、満鉄奉天駅からまっすぐ延びた瀋陽大街（後の千代田通、現在の中華路）が商埠地に入ったところでつながった街路であり、東に進めば奉天城の城門の一つである大西辺門に到達する。すなわち、旧奉天城、商埠地、満鉄鉄道附属を結ぶ重要な街路であった。

建物（図42）は、"This stone was laid on the 31st of May 1931" と刻まれた定礎石《ていそせき》が十一緯街に面した部分に見えることから、一九三一年五月三一日に定礎したことがわかる。設計は、イギリス系の建築事務所であるヘミングス・アンド・パーキンス事務所とされる。敷地が角地であることから、その角に正面玄関を開け、その上部に二層分を貫くジャイアント・オーダーを立ち上げた姿は、ロンドンの金融街シティーに現存するナショナル・プリヴィンシャル銀行本店と酷似していることから、角地に正面玄関を設ける手法としては一般化していたといえよう。建物は、現在、交通銀行遼寧省分行営業部として使われており、二〇〇三年には遼寧省によって文物保護単位に指定されている。

覇権争いの歴史

結局、金融覇権を競っていたのは、横浜正金銀行と朝鮮銀行だけでなく、イギリス資本の香港

図42　旧香港上海銀行奉天支店

上海銀行もまた、中国東北地方の経済的支配を目指して支店網の拡張に精を出していた。ハルビンでは、これに、シティー・バンクやナショナルバンク・オブ・ニューヨークというアメリカ資本の銀行、フランス資本植民地銀行であったインドシナ銀行も進出して金融覇権を競い、奉天（瀋陽）では、張作霖・張学良政権下で資本強化された東三省官銀号との覇権争いも起きていた。ちなみに、東三省官銀号も、奉天城内にあった本店を一九二九年に新築している。銀行建築に刻まれた歴史は、重要である。

支配者の住宅

植民地・支配地で、日本人がどのような住宅を建て、どのような生活を展開したかという興味は尽きないと思うが、そのような住宅に住んでいる人々の生活に配慮すると、住宅を巡ることは難しい。そこで、ここでは、特殊な住宅、話題性のある住宅のみを取り上げた。まず、植民地を一元的に支配する権力を持っていた総督の住宅である。二つ目は、満鉄の社員に供給された住宅とそれによって大連に形成された住宅街に着目した。三つ目は、建築家安井武雄に着目し、彼が満鉄に居た頃に設計したとされる大連税関長官舎を取り上げ、安井が提唱した自由様式を考えてみる。四つ目は、満洲国皇帝溥儀のために建設されながら未完に終わった宮廷を取り上げる。

二つの総督官邸

旧台湾総督官邸

先に官邸を新築したのは、植民地支配でも先行していた台湾総督府であった。台湾総督府は台北《タイペイ》城内の中心位置する場所に土地を確保し、一八九九年から工事に取り掛かった。設計は、当時の台湾総督府技師であった福田東吾《ふくだとうご》と野村一郎である。建物は、煉瓦《れんが》造二階建のルネサンス様式で、一九〇一年に竣工した。外壁や柱は煉瓦造であったが、床は鉄骨の梁《はり》を架けたコンクリート造であった。その平面は、南側を正面として中央に車寄せのついた玄関を設け、玄関から北側の庭に向けて建物を東西に二分するかのようにホール（広間）が抜け、ホールの左側（西側）に客室、右側（東側）に大階段を設けていた。この客室は賓客接待に使う部屋であった。客室の西側には大食堂が庭に向けて張り出していた。

ところが、木造の小屋組がシロアリ被害を受け、また、皇族などの賓客が台湾を訪れたときの迎賓館としては部屋数が少ないという問題も生じた（黄俊銘、二〇〇六年）。そこで台湾総督府は、一九一一年から一九一三年にかけて改造、増築工事をおこなった。この設計は、当時、台湾総督府技師であった森山松之助《もりやままつのすけ》であった（黄俊銘、二〇〇九年）。

森山松之助による増築工事

森山がおこなった改造の要点は三点あった。一つは、シロアリ対策と構造補強である。木造の小屋組を鉄骨造に変え、さらに、ロッジアのある二階に鉄骨の梁を架けて構造補強をおこなった。二点目は、客室の増設である。最初の官邸では、一階の客室は広間西側の一室のみであり、二階にも客室と婦人客室がそれぞれ一室ずつあったのみであった。森山は、大階段の位置を変え、大階段の場所を客室に改造した。また、これに伴って二階には大客室と称された部屋を設けた。三点目は外観の改造である。小屋組を鉄骨造にしたことで、屋根形状は寄棟《よせむね》屋根から、マンサール屋根に変わった。また、ロッジアのある二階に鉄骨の梁を架けたことで、その梁を支えるために柱の本数を増やす必要から、ロッジアの列柱をカップルド・コラムとした。これにより、外観はバロック様式の外観となった（図43）。また、このような外観の改造に合わせて、大食堂など主要な部屋の内装もバロック様式に改修された（図44）。

図43　旧台湾総督官邸（台北賓館）

図44　台北賓館大食堂

国共内戦後、迎賓館となる

さて、国共内戦の結果、台湾に拠点を移した中国国民党政権は、この建物を台北賓館と呼び、国の迎賓館として使い始めた。すなわち、この建物は、国共内戦に敗れた国民党政権が、外交で挽回するための舞台となったのである。その一例が、日中間の講和条約となった日華平和条約（中日和約）の調印式である。調印式は、一九五二年、この建物の二階南側に設けられていた広間（ホール）でおこなわれた。この広間は、一九〇一年に竣工したときには安楽室という名前の部屋であったが、森山松之助の改造設計によって広間に改変されたものであった。台北賓館は、その後も国の迎賓館として、賓客の接待に使われて現在に至っている。したがって普通に入ることは難しいが、台湾総統府庁舎（旧台湾総督府庁舎）の一般公開に合わせて、年に数回、一般公開をおこなっているので、台北を訪れて、運が良ければ見学は可能である。

旧朝鮮総督官邸

さて、台湾総督府が総督府庁舎よりも早く総督官邸を新築したのに対して、朝鮮総督府が総督官邸を新築したのは、朝鮮総督府の設立から二七年後の一九三七年であった。朝鮮総督府庁舎の新築よりも遅れること一一年であった。これにはさまざまな事情が関係していた。

まず、総督が使うことのできる既存の建物の有無である。朝鮮総督府が設立されたとき、総督官邸は、総督の前任である統監の官邸をそのまま使った。つまり、急いで官邸を新築する必然性が薄かった。それに対して台湾総督府では、台北市内に総督官邸に転用できる建物がなく、最初の総督官邸は、台北ではなく、基隆の税関庁舎を転用し、次に台北にあった西学堂という学校の建物を転用していた。したがって、台湾総督府としては急いで総督官邸を確保、すなわち、新築する必要があった。これが朝鮮総督官邸との違いであった。

ところで、統監官邸を転用した朝鮮総督官邸は、当時の京城市街地の南側に位置していた。それは、最初の統監府庁舎が京城市街地の南側に位置していたためである。ところが、一九二六年、朝鮮総督府庁舎が景福宮の中に新築されるに及び、総督は、官邸から総督府庁舎に向かうには京城市街地を南北に縦断して移動することとなった。

結局、朝鮮総督府は、一九三七年、景福宮の北門にあたる神武門の近くに総督官邸を新築することを決定した。そして、一九三九年七月二五日、建物は竣工した。建物は、鉄筋コンクリート造二階建、外壁に小口タイルを貼ったもので、バロック様式の台湾総督官邸とは趣を異にしていた。平面は、玄関ホールを中央に設け、その正面に階段、左側に大食堂、右側に賓客を接待する応接室が並んでいた。さらに階段の後方には中庭を設け、その奥には小食堂が置かれた。いわば、一階は接客の場であった。それに対して二階には、総督とその家族が生活することを前提に、和室が並んでいた。

充実した接客機能

この平面を見ると、建築様式の違いはあるものの、ホール、客室、大食堂という部屋を一階に配置し、接客の機能を充実されることは、総督官邸に共通のことであった。言い換えれば、総督官邸の本来の目的は総督の住居ではなく、総督がみずから賓客を接待する場であったといえよう。

さて、この建物に総督が住んだ期間は短く、わずか六年である。一九四五年、日本の敗戦によって朝鮮総督府は消滅、総督という職もなくなった。その後、大韓民国が成立すると、この建物は大統領官邸になった。そして、一九九〇年まで使われたが、隣に新たな大統領官邸が建てられたため、この建物は一九九三年、取り壊しの憂き目にあった。

この時新築された現在の大統領官邸は、屋根瓦に青い瓦が使われたことから青瓦台《せいかだい》と呼ばれるようになり、また、大統領府という組織を青瓦台と呼ぶようになった。かつては、警備の関係から、この建物を遠望することも叶わなかったが、現在では、景福宮の北門に相当する神武門から、青瓦台を見ることができる。

曠野の中のユートピア

最初の満鉄社宅

満鉄が幅広い事業をおこなった巨大組織であることはすでに紹介したが、巨大組織であるがゆえに社員数も膨大で、満鉄が本社を大連に移した一九〇七年の社員数は約三〇〇〇人であった。この他に鉄道の保線部門や車両の整備、さらに撫順炭坑など、現業部門には傭人と呼ばれたいわゆる現場労働者が一万余人。本社の大連移転とともに問題となったのは、その膨大な社員を収容する住宅や宿舎の確保である。

満鉄は創業時に全ての社員・傭人に対して住宅の無償供給を約していた。それは、満鉄の活動地域が異郷の地であったため、日本国内から赴任する社員の便宜を考えれば当然の施策であった。しかし、満鉄本社の大連移転とともに一万三〇〇〇人余の社員・傭人に住宅を供給することは不可能であった。本社屋そのものが、大連移転直後の約一年半、旧ダルニー市庁舎を仮社屋として利用していたのと同様に、住宅も急場しのぎに既存家屋を使った。

日本政府は、満鉄の設立にあたり、資本金を二億円とし、その半分の一億円を政府出資としたが、日露戦争の戦費は当時の日本の国家予算の約四倍に相当する一九億円であり、日露戦争後の日本政府の財政は火の車であったため、満鉄に対する政府出資はすべてが現物、すなわち、日露講和条約（ポーツマス条約）に基づいて帝政ロシアから譲渡された土地、建物、鉄道や、日露戦争中に日本軍が建設した建物と鉄道であった。

ロシアからの譲渡

満鉄が最初に社宅とした建物はそのような帝政ロシアから日本政府に譲渡された建物であった。その数は一四四六棟、延べ面積は三万八八七八坪（約一二万八二九七平方《メー》《トル》）で、これは日本政府が満鉄に現物出資した建物の棟数で約二九％、延べ床面積で約一八％に相当する（『南満洲鉄道株式会社十年史』）。その多くは帝政ロシアの国策会社であった東清鉄道が社宅として建てた建物であり、現在も大連市街地の一角、かつては露西亜《ろしあ》町と呼ばれた地区に残っている（図45）。

これらの建物は、日本人が生活するには不都合なことも多かった。たとえば、これらの住宅の居室はいずれも洋間であるのは当然だが、畳敷の和室に慣れた日本人はその洋間に畳を持ち込んで敷き詰めた。建物の寸法体系はロシアの寸法体系であるから、日本の寸法体系でできている畳がそのまま持ち込めるはずはなく、部屋の形も畳を敷き詰める形ではなく、また、畳敷の和室と

図45　東清鉄道が建設した社宅

なれば、座した時の目線は椅子式の洋室よりも低くなり、窓の高さも不都合であった。そこで、畳を部屋の大きさに合わせて切り、一方、畳に座した時の目線の高さを上げるために既存の床の上に新たな床を張って畳を敷いた（小野木孝治「露西亜より継承したる社宅」『満洲建築協会雑誌』二巻七号、一九二二年七月）。満鉄は、こうした不都合をひとつひとつ解決しながら、東清鉄道の社宅を改造して社員に給した。

しかし、このような改造には限界があり、多数の社員に給する社宅としては、数が不足していた。たとえば、わずか三坪の部屋に三～四台のベッドを並べて寝起きし、地位の低い傭人に至っては約四～五坪の部屋に一五～一六名が雑魚寝する有様で、それは、いわゆる「たこ部屋」であった。『南満洲鉄道株式会社十年史』はその状況を当時の客船の最下層の船室に見立てて、「船内三等客室ノ観アリ一度其ノ室ヲ訪ヘハ悪臭紛々《(ママ)》鼻ヲ衝《つい》テ来ルノ実状」と記している。

満鉄社宅

このような劣悪な住宅事情を改善するため、満鉄は四つの方法を併用した。ひとつは、会社の資金を投入して積極的に社宅の建設を進めることであり、これは当時、一般に「満鉄社宅」と呼ばれていた。そして、本社を大連に移転した翌年の一九〇八年から、満鉄は社宅の新築に取り掛かったが、入居希望者全員に社宅を給することは不可能であった。そこで、二つ目の施策として一九一〇年から始まったのが民間の賃貸住宅に入居している社員への家賃補助である。満鉄は、この年から、社宅に入居希望しながら社宅が不足していて入居できな

表１　満鉄の社宅戸数・代用社宅戸数・住宅料受給者数の変遷

	満鉄建設社宅戸数	代用社宅戸数(A)	合計戸数(B)	A÷B×100(%)	住宅料受給者数	社員数
1907年	1,446	0	1,446	0	0	13,217
1917年	8,775	1,280	10,055	12.70%	3,805	30,302
1927年	11,323	3,062	14,385	21.30%	8,739	35,176
1937年	12,645	5,654	18,299	30.90%	12,618	116,293

注　『南満洲鉄道株式会社十年史』『南満洲鉄道第三次十年史』を基に作成．A÷B×100は，全社宅数に対する代用社宅の百分比．住宅料の支給は1910年開始，代用社宅制度は1911年開始．

い社員に対して「住宅料」という名目の手当てを給した。

代用社宅

しかし、住宅料の支給は、満鉄創業時の基本理念である全社員への住宅供給には結びつかないので、三つ目の施策として執られたのが「代用社宅」の制度である。これは、満鉄が社宅建設の費用負担を軽減するために一九一一年から始めた制度であり、民間の不動産業者などが建設した住宅を満鉄が借り上げて社宅とするものであった。満鉄ではこれを代用社宅と呼んだが、「代用」といってもそれは仮設的な建築ではなく、「満鉄社宅の代わりをなす住宅」という意味であり、規模や質が満鉄社宅に対して劣るものではなく、満鉄社宅を補完する存在であった。しかし、実際には全社宅に占める代用社宅の割合は年を追って増加した（表1）。すなわち、満鉄創業時の目標であった社員全員への住宅供給は、代用社宅なしには成立しないことを示していた。

比重を増したのは代用社宅だけではない。住宅料受給者もその比率は増加している（表1）。したがって、創業時の目標であった「社員全員への住宅供給」は画餅《がべい》であったといえよう。

一方、第一次世界大戦直後の一九一九年からは大連、奉天といった主要都市で住宅不足が深刻化し、社会問題となった。このとき、四つ目の施策として満鉄が採った住宅供給の手法は、社員を組合員とする住宅組合の設立であった。

社宅供給システム

このように満鉄の住宅供給政策は、当初目標を達成するには不完全なものであった。しかし、満鉄は社員の身分と住宅の質を連動させた住宅供給を行い、日本国内の企業に先立って社宅供給システムを確立した。

満鉄は、職制に応じて社員（職員と雇員《こいん》に細分）・傭人（後に傭員と呼ばれた）を六段階に分け、それぞれに応じた規模と質の住宅を供給することを基本とした。住宅は「（満鉄）標準社宅」と称され、特甲・甲・乙・丙・丁・戊型（種）の六種類が計画された。この六種類が、職制による社員・傭人の階級に相当しており、部局長クラスの幹部社員は特甲型、課長クラスの社員は甲型、普通の社員は乙型、若い社員は丙型、日本人の傭人は丁型、中国人や朝鮮人を中心とした日本人以外の傭人は戊型という具合であった。

このような六段階の分類は、単に延床面積や部屋数といった住宅の規模によるものではなく、住戸形式、暖房設備、浴室の有無といった差異も反映していた（表2、表3）。たとえば、住戸形式については、庭付き戸建て住宅（detached house）がもっとも高級であり、これは特甲・甲種に

表2　『満鉄標準社宅平面図』に基づく各種社宅の比較

年度	種別	延床面積 (㎡)	居室数	暖房方式	浴室の有無	台所面積 (㎡)	住宅形式
1912	甲	94.21	4	ペチカ	有	9.82	SDH 1
	乙	70.00	3	ペチカ	無	9.61	SDH 1
	丙	40.00	2	ペチカ	無	6.00	SDH 1
	丁	34.44	2	ペチカ	無	6.00	TH 1
1914	特甲	87.71	4	ペチカ	有	9.99	SDH 1
	乙ノ一	69.42	3	ペチカ	無	11.41	SDH 1
	丙ノ一	51.66	2	ペチカ	無	6.72	SDH 1
	丁ノ一	30.10	2	ペチカ	無	6.17	TH 1
1919	特甲	221.52	5[3+2]	温水	有	10.14	DH 2
	甲	135.34	5[4+1]	温水	有	11.49	DH 1
	甲	94.85	3	温水	有	9.00	SDH 2
	乙ノ一	70.74	3	ペチカ	無	9.00	SDH 1
	丙	43.77	2	不明	無	5.48	FL 2
	丙ノ一	52.00	2	ペチカ	無	7.04	SDH 1
	丁ノ一	33.06	2	ペチカ	無	6.27	TH 1
1921	甲	94.27	4	温水	有	7.80	SDH 2
	甲	125.77	5[4+1]	ペチカ	有	8.12	SDH 1
	乙	70.91	3	ペチカ	無	6.00	FL 2
	乙ノ一	69.78	3	ペチカ	無	9.51	SDH 1
	丙・両端	53.31	2	ペチカ	無	6.54	FL 2
	丙・中央	52.59	2	ペチカ	無	6.54	FL 2
	丙ノ一	52.44	2	ペチカ	無	6.99	SDH 1
	丁・両端	35.55	2	ペチカ	無	6.06	TH 2
	丁・中央	35.24	2	ペチカ	無	6.09	TH 2
1922	特甲	313.92	6[5+1]	温水	有	14.13	DH 2
	甲	100.07	4	ペチカ	有	11.76	DH 1
	乙	70.91	3	ペチカ	有	8.48	Th 2
	丙	63.16	3	ペチカ	無	7.77	TH 2
	丁	49.22	2	ペチカ	無	4.95	TH 2

注　満鉄編『満鉄標準社宅平面図集』掲載の平面図を基に西澤泰彦が作成．居室数の[　]内は和室数＋洋室数を示し，[　]が無いものはすべての居室が和室であることを示す．住宅定式の略号は次の通り．DH : detached house, SDH : semi-detached house, TH : terrace house, FL : flat,を示す．数字は階数を示す．

表3　1934年制定の社宅標準規格

種別	延床面積（㎡）	居室規模	他の部屋	暖房方式	浴室の有無	貸与標準基準
特甲	183.2	10+8+6+6+3	応接+食堂	温水	有	月給250円以上
甲	164.35	8+8+6+6+3	応接+食堂	温水	有	月給150円以上
乙	113.2	8+8+6+4.5+2	無	ペチカ	有	月給100円以上
丙	63.8	8+6+4.5+2	無	ペチカ	無	月給100円未満
丁	55.28	6+4.5+4.5+2	無	ペチカ	無	日本人雇員・傭員
戊	21.43	（和室なし）	無	オンドル	（不明）	中国人雇員・傭員

注　「社有社宅標準規格並貸与基準」（『南満洲鉄道株式会社第三次十年史』138頁所収）を基に作成．居室はすべて和室，数字は各部屋の畳の数，戊には和室なし．戊の浴室は未記載．

しか用いられない。その次の段階は、「二戸一」と呼ばれるセミ・ディタッチド・ハウス（semi-detached house）であり、以下、四戸で一棟を構成するテラスハウス（terrace house）、さらに八〜一二戸で二階建の住棟一棟を構成するフラット（flat）、という具合に階級が下がっていく。

旧大連近江町社宅

この先鞭をつけたのが、満鉄最初の新築社宅である大連近江町社宅、大連埠頭《ふとう》宿舎、撫順《ぶじゅん》炭坑宿舎の三つの社宅群である。この中で一九九五年まで建物が現存していたのが、大連近江町社宅である。

当時、大連の近江町と呼ばれた地域は、大連の中心地である大広場から南に向かって緩やかに上る丘陵地の一部である。この丘陵地は南に山を背負い、北には大連港と海（大連湾）に臨む北斜面に位置している。日当たりを気にする日本人にとって、北斜面は住宅地としては一般的には適地とはいえないが、満鉄本社が大連に移転した一九〇七

図46　旧大連近江町社宅（1990年撮影）

年四月の時点では、茫漠とした原野の中に東清鉄道が建てた建物が点在していただけであり、大連港を見下ろす丘陵地であるこの地以外に良好な住宅地を見出だすのは難しかった。また、この地は旧ダルニー市庁舎から旧ダルニー商業学校跡地に移転してくる予定の満鉄本社まで徒歩で一〇分とかからぬ位置であり、大連の中心地となる予定の大広場まで数分の距離であった。北斜面であることを除けば、満鉄の社宅としては申し分ない敷地であった。

しかし、この地に満鉄が所有していた土地はわずかに六五〇坪であったため、満鉄は関東都督府民政部所有の土地一万三五〇坪を借入れ、合計一万一〇〇〇坪の土地に二八棟、二四四戸の社宅を建設した。借用地は全敷地の約九四％に相当していた。工事は満鉄本社が大連に移転した七ヵ月後の一九〇七年一一月から始まり、翌年一二月に竣工した。建物はすべて煉瓦造二階建で、一街区に四～六棟が配され、一棟に四～一二戸を収めた低層集合住宅である（図46）。外観は赤煉瓦剝出しではないが、クイーン・アン様式の簡素な外観で、どの棟にも玄関上のゲーブルには満鉄の社章をアール・ヌーヴォー様式にデザインした装飾が施されている。

このうち、一棟に四戸を収めた甲種は六棟あるが、外観から判断すると二戸には居室が三間あったと推定される。一方、乙種の方は居室が二間であったと推察される。いずれも外観を見る限り、二〇世紀初頭、ロンドンをはじめとしたイギリス諸都市の郊外に建てられていったテラスハウスを手本としていると考えられる。設計を担当したのは当時の満鉄の建築組織でナンバー・ツーの地位にいた太田毅といわれる（満鉄建築会、一九七六年）。太田は海外渡航の経験がないため、実際にイギリスのテラスハウスや低層のフラットを見たことはなかったが、この近江町社宅の出来栄えを見ると、太田がイギリスの集合住宅の情報を得ていたことは疑いの余地はないであろう。竣工の一年後、一九〇九年一二月に工事概要を載せた『建築雑誌』は「満洲に於ける一名物または成績のよい事業の一つ」と評価した。

テラスハウスを手本として

それは、当時の日本国内では見ることのできなかった低層集合住宅が、日本国内から見れば「未開の地」であった中国東北地方の茫漠とした曠野《こうや》の中に忽然と出現したことへの驚嘆でもあった。

この近江町社宅は、その後の大連の住宅地の拡大に大きな影響を及ぼした。東清鉄道が建設した既存家屋を住宅として使用していた時期を脱して、新たな住宅が建設されはじめた一九一〇年代、最初に住宅地として注目されたのがこの近江町社宅周辺の南山麓と呼ばれた丘陵地であった。南山麓は、北向き斜面でありながらも、市街地とその北側に広がる大連港や大連湾を見下ろす丘陵地であり、大広場まで歩いて一〇分程度の場所に位置し、近江町社宅には大広場を経由して市街地各地に延びる路面電車の起点が設けられ、交通至便の地となり、高級住宅地の条件を整えていた。そのような大連最初の高級住宅地として認識される契機となったのが満鉄近江町社宅であった。

大連一の高級住宅地—南山麓

そして、その後、実際に南山麓は、大連一の高級住宅地となっていく。次に、その南山麓の建てられた住宅を見ることにする。

『満洲建築協会雑誌』という建築関係の雑誌が一九二一年から大連で発行されていた。この雑誌は毎号グラビア頁で竣工したての建物を紹介している。その第六巻第一号（一九二六年一月）のグラビア頁に五頁に渡って個人住宅が紹介されている。個人住宅がこれだけの頁を割いて紹介されたのは後にも先にもこの住宅しかない。この住宅は、満鉄創業時期に、満鉄本社建築係（後に建築家）に所属した建築家横井謙介が設計した自邸である。

住宅は大連の住宅街である南山麓に現存している。当時は加茂川町（現、七七路）と呼ばれ、すぐ近くには大連神社があった。建物（図47）は、煉瓦造二階建で、北西角に玄関を開き、一階は南側に応接室・居間・食堂が並ぶ。玄関外側の脇には石の腰掛けが付いている。居間と食堂の南側にはサンルームがある。二階は寝室と子ども部屋、そして座敷がある。一階の平面図（図48）を見ると廊下を挟んで両側に部屋が配置されるいわゆる「中廊下式」に見えるが、中廊下式とは少々違う。玄関から直ぐに廊下が始まっているのではなく、「広間」と称された三坪ほどの空間がある。この広間と廊下との間にはドアがあり、仕切られている。これは、接客用の応接室に客を通すとき奥にある私的な部分を客に見せない配慮である。もしこの広間と廊下が仕切られていない場合、台所が見えてしまう。

食堂の平面をよく見ると、サンルーム側に「畳敷」と記された場所がある。これは、この部分が床より高くつくられ、畳が敷かれている。この理由を横井は掲載雑誌に寄せた「自画自賛」と題する文章の中で次のように述べている。

（前略）南側に畳敷のところを設けましたのは、腰を掛ければソファーの代用にもなり、座布団を敷いて座れば眼の高さが椅子に腰掛けてゐる人の眼の高さと一致する様にしたのです。従つて食卓を此の方に引寄せると、一人二人は座つて食事が出来る事にもなるのです。

こんなものを拵《こしら》へた今一の理由は、今日のところ和服を絶対に廃《な》くしてしまふといふ事も容易な事ではなく、住宅では和服の長所も相当に認められる場合もある訳ですから、居間の造り方を純洋式にしてしまつた場合、和服のたゝみ場所もなくなつてしまふといふ不便を補ふ

図47　建築家横井謙介の自邸（1990年撮影）

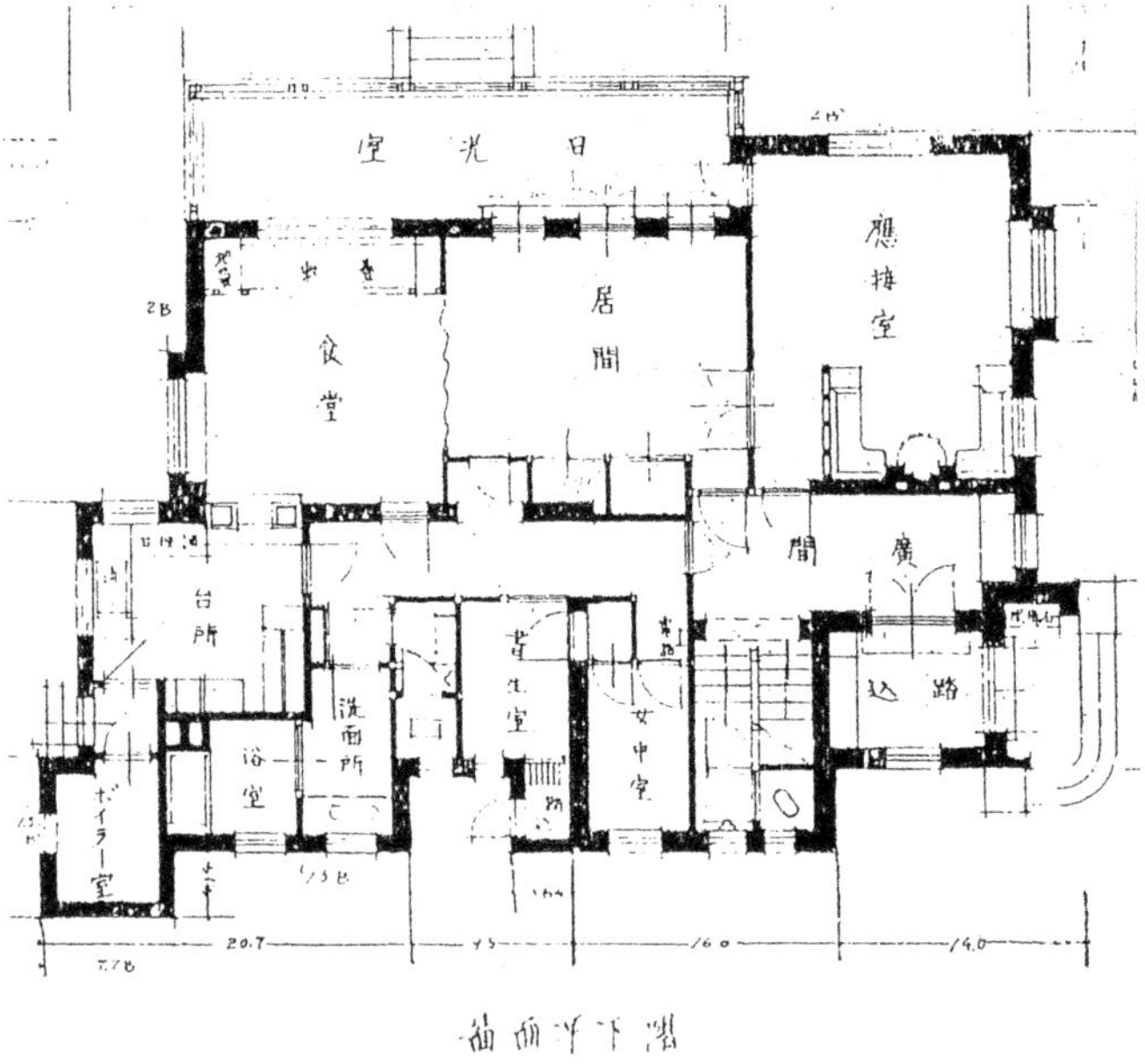

図48　横井謙介邸１階平面図

ために、是非こんなものが必要だと思ったからです。

ここに、日本人が支配地で送っていた生活の一端を垣間見ることができる。建物の外観が洋風建築として建てられても、生活様式においては、日本国内での生活様式がそのまま持ち込まれた。横井の説明文はそれをよく表している。

その横井謙介が、自邸と時を同じくして設計していたのが、同じ南山麓ながら、自邸からはやや距離を置く南山麓の東端に位置していた共栄住宅である。共栄住宅は、住宅組合法に基づいて設立された住宅組合であり、満鉄社員限定の住宅組合であった。満鉄が社員の住宅確保のためにとった四つ目の施策が、住宅組合による住宅確保であったが、この共栄住宅は、その典型例であった。そして、共栄住宅は、大連では実際に住宅を供給した数少ない住宅組合として南山麓に一三五戸の戸建て住宅を建設した。

住宅不足と土地制度

大連は第一次世界大戦の終結とともに住宅難に直面した。戦時景気を当て込んで大連には多数の人々が集まったことが原因だが、大連にとって日露戦争直後に続く二度目の住宅難であった。このとき、大連市は市営住宅を、満鉄は社宅の建設を進めて対処したが、それだけでは不十分であった。折しも、一九二〇年には住宅組合法が関東州にも適用されることとなり、雨後の筍《たけのこ》のように、多数の住宅組合が設立され新たな住宅建設を目指した。しかし、実際に組合員に住宅を供給できたのはごく少数の住宅組合に限られていた。

それは、大連の土地制度に原因があった。

大連を含む関東州（遼東半島南部）は帝政ロシアが清国から租借した地域であり、日露戦争の結果、日本が租借権を帝政ロシアから譲渡された地域である。租借地とはある国の土地を他国が借用することであり、租借した国が租借地の土地を所有しているわけではないが、両国の力関係によって実際には借用ではなく、占領であり、租借した側がその土地を所有していた。関東州では、日本が関東州全体を所有していたのであり、日本政府の出先機関である関東都督府が土地を管理していた。もちろん、現地において土地を所有している中国人やロシア人を追い出すということまではしないが、大連のような建設途上にあった都市では、関東都督府がほとんどの土地を一元的に管理していた。したがって、大連に進出した民間人が大連に建物を建てる場合、関東都督府（後に関東庁）から土地を買うか、あるいは借りるかのいずれかによって土地を獲得しなければならなかった。財政基盤の弱い関東都督府（関東庁）は、土地の売却を重視していた。

しかし、多数できた住宅組合の多くは資力に乏しく、関東庁からまとまった土地を購入することは不可能であり、いずれも土地の借用を希望していた。結局、これらの住宅組合は関東庁との土地取得交渉が不調に終わり、住宅建設のための土地を取得できずに解散に追い込まれていた。

南山麓へ共栄住宅の建設

そのような状況の中で、満鉄社員を組合員に限定した大連共栄住宅組合は、関東庁から大連・南山麓の土地二万坪を借用し、そこに一三五戸の住宅を建設した。関東庁が土地の貸借に応じた背景には、大連共栄住宅組合が組合員を満鉄社員に限定しており、組合員の身分が保証され、組合の経営が安定していたと判断したことによると推察される。

この地区は、大連大広場から約一キロの位置にあり、地区の北東から南西に向かって約一〇度も上る傾斜地である。南側は南山の斜面で人家もない。西側には住宅街が形成されつつあった。

計画された住宅は、面積に応じてA・B・Cの三種類に分けられていた。A（図49）は延床面積五〇坪、Bは延床面積四五坪、Cは延床面積四〇坪であり、それぞれの敷地面積はAが一〇〇坪、Bが九〇坪、Cは八〇坪である。共栄住宅の特徴は、これら三種類の差異が単に居室などの面積の差や女中部屋の有無であり、浴室、台所、トイレ、暖房設備など生活に欠かせない部分については差異を設けていないことである。これは、従来、満鉄社員が馴れ親しんだ満鉄社宅が、単に居室数や居室面積だけでなく、浴室の有無、台所の面積、暖房設備の差異によって社宅の階級差を示していたこととは趣を異にしている。

さらに、満鉄社宅と比べると、共栄住宅のA・B・Cのいずれの住宅も庭付き戸建て住宅であり、それは満鉄社宅の特甲あるいは甲種に相当する。また、延床面積を比べると甲種に比べて大

図49　旧大連共栄住宅Ａ型

図50　旧河本大作邸（南山賓館）

きいことである。

建物の配置は、地区内を東西に通る街路に沿って六〜七戸の住宅が並んでいるが、いずれも建物の南側に庭を設けている。

共栄住宅の建設は、南山麓の中の東部地区の宅地化に拍車をかけた。南山麓は、満鉄の近江町社宅に近い西部地区から宅地化が始まり、徐々に斜面の上方に、また、同時に西から東に向かって宅地化していった。南山麓の東端に位置する共栄住宅の建設は、南山麓全体が宅地として利用できることを示したのであり、一九二〇年代後半から一九三〇年代にかけて、共栄住宅の周囲に大連では河本大作《こうもとだいさく》邸（図50）のような比較的規模の大きな住宅が建てられていくことになる。

自由様式への出発点

満鉄近江町社宅とともに大連の南山麓を単なる丘陵地から高級住宅街へと変容させる契機となったのが、一九一三年に竣工した大連税関長官舎（現、中国政治協商会議大連市委員会、図51）である。

旧大連税関長官舎

大連税関は、一九一一年、大連港の経営をおこなっていた満鉄に対して、税関庁舎と税関長・副税関長の官舎の建設を依頼した。満鉄では、建築組織である本社建築係が設計を担当するはずであったが、創業期の満鉄は多数の施設を新築する必要から本社建築係は多忙を極めていたので、これらの設計は満鉄から、当時大連で数少ない建築事務所を開設していた岡田時太郎に依頼された。そのとき、税関長官舎だけは、なぜか、岡田だけでなく、満鉄本社建築係に所属して間もない安井武雄が設計を担当した。

図51　旧大連税関長官舎（1990年撮影）

安井武雄は、現在、日本の大手建築事務所のひとつである安井建築設計事務所の創立者である。彼は満鉄の建築組織に所属し、その初期の活動を支えた建築家である。彼の経歴や活動については山口廣『自由様式への道・建築家安井武雄伝』（一九八四年）に詳しく記されているので、改めて言多く語る必要もない。ここでは、彼の処女作であり、大連に残る高級住宅の代表的存在でもある旧大連税関長官舎を論じてみたい。

安井武雄が満鉄に入社したのは一九一〇年。入社した最初の仕事が大連税関長官舎の設計であったとされる。大学の卒業設計に木造住宅を設計して教官らの不評を買ったと伝えられる安井であるが、処女作品もまた住宅というのであるからまた面白い。

織り交ぜられた和風意匠

その外観は、遠望すればこの南山麓にはあちこちにある規模の大きな住宅と変わりないが、官舎だけに敷地に余裕がある。加えて、建物を目の前にして驚くことは、あちこちに和風意匠を織り交ぜていることである。具体的には、鼻《はな》などに和風建築と同様の彫り物が施され、木鼻となり、妻飾として二重虹梁を見せている。安井建築設計事務所に残る竣工写真によれば、内部も和風意匠が随所に見られる。圧巻なのは、暖炉が置かれた純然たる洋風の部屋に長押《なげし》が廻されていることである。卒業設計の余韻が残っていたと見られる。

この建物の竣工は一九一三年。その竣工写真には、建物を背にして工事関係者が並んだ写真がある。その中に「山葉工務所」と書かれた法被《はっぴ》を着た職人がいる。したがって、この建物の施工は山葉工務所によっておこなわれたと判断できる。山葉工務所とは、今日では楽器や家具の製造で有名なヤマハである。すでに紹介した前田松韻《まえだまつおと》設計の旧大連民政署もこの山葉工務所（山葉洋行）の施工である（「広場と官衙」の章）。

安井武雄の作品

安井の作品集『安井武雄作品譜』（一九四〇年）には、この大連税関長官舎の他に中国東北地方に建てられた彼の作品として、安東記念物産館（一九一四

図52　旧満鉄中央試験所

年設計）、大連音楽堂（一九一四年設計）、大連満鉄用度課倉庫（一九一五年設計）、大連満鉄中央試験所（一九一五年設計）が挙げられている。このうち、大連に建てられた三棟はいずれも現存している。

大連音楽堂は、その前面に戦後設けられた競技場の観客席を兼ねたステージとして使われ、満鉄用度課倉庫は大学の校舎となっている。満鉄中央試験所は、中国科学院大連化学物理研究所として現在でも現役の研究所として使われている。このうち、満鉄中央試験所の建物（図52）を見ながら、彼が確立した「自由様式」を考えてみたい。

満鉄中央試験所は、関東都督府が一九〇八年に設立した中央試験所が一九一〇年満鉄に移管された理工学の総合試験所であり、機構の拡充とともに一九一九年、伏見台と呼ばれた丘陵地の一角に建物を新築した。建物は煉瓦造二階建、赤煉瓦の外壁の中央と左右にドイツ式の腰折れ屋根がのっている。そして、正面中央には千鳥破風《ちどりはふ》が付けられている。和風意匠はここにも持ち込まれ、その意味では彼は卒業設計の余韻をここまで残したことになる。日本人にはドイツ風とも思える左右の破風も現在のこの建物を使用している中国人には唐《から》破風に見える、と中国人研究者は指摘している。

安井武雄の足取り

さて、安井武雄の足取りについてお話したい。彼は、一九一九年満鉄を辞して大阪の片岡建築事務所に入所する。これについてはいくつかの疑問が残る。一つはなぜ満鉄を辞したのか、一つはなぜ片岡建築事務所に入所したのか、そして、これらを考えれば、より大きな問題、なぜ満鉄に入社したのか、という問題に行きつく。この問題を考えてみたい。

安井の満鉄入社に関しては、彼の卒業設計との関連がしばしば話題になる。彼は、木造住宅を設計して教官たちの不評を買い、日本国内に職を得られなかったという話である。しかし、この話は疑わしい。

創業間もない満鉄は多くの人材を必要としていた。満鉄の建築組織もその一つであり、安井が大学を卒業する一九一〇年当時、満鉄の建築組織には、大学の建築学科を卒業した人物として、小野木孝治、太田毅、横井謙介、市田菊治郎、の四人がいた。このうち太田は、この年の八月以降病気療養のために帰国していた。そこで、満鉄は、新たな人材を求めたと考えられる。すなわち、安井は太田の後任として、その設計手腕を期待されて雇われたとみるのが妥当であろう。決して「満洲に飛ばされた」のではない。

さて、安井は、帰国から五年後、片岡建築事務所を辞し、自ら安井建築事務所を開設した。その後、大阪ガスビルや満鉄東京支社などを設計したのは周知のこと。そして、その両者に「自由様式」と自ら命名した。建築評論家松葉一清は「一九三〇年代と自由様式」（『建築と社会』一九八五年三月号）の中で満鉄東京支社をドイツ第三帝国の擬古典主義建築と同列に扱って批判的に論じたが、安井のいう「自由様式」の「自由」とは彼が大学で学んだ西洋様式建築からの「自由」であると理解したい。そうすれば、木造和風住宅の卒業設計、洋間に長押を廻した大連税関長官舎、正面に千鳥破風を付けた満鉄中央試験所を設計した彼の心情も理解できる。そして、一見全く外観の異なる大阪ガスビルや満鉄東京支社もその「自由」が反映された作品であると理解すれば、それは彼の大学卒業以来の夢が実現したものとしての命名であるといえよう。

大連・南山麓を高級住宅街へと変容させる一因となった大連税関長官舎は、その自由様式の出発点であるといえる。

未完の宮廷建築

旧満洲国「新宮廷」

長春の新民大街を北に向って歩いていくと、その北の端はT字路となって大きな広場に突当っている。その先には大きな瑠璃瓦《るりがわら》の屋根がのる巨大な建物が立っている。この建物、現在は長春地質学院の校舎であるが、実は、満洲国皇帝溥儀《ふぎ》が入居を予定していた建物である。「予定していた」とはどういうことかというと、この建物が未完のまま満洲国が滅亡し、溥儀は入居できなかったのである。今回は、この建物を見ながら、長春を歩けば想い出す建築家相賀兼介《あいがけんすけ》にもう一度注目してみたい。

宮廷の敷地選定については、越沢明『満洲国の首都計画』（一九八八年）に述べられているので、ここでは省略する。敷地は、新民大街（旧順天大街）の北の突当りに広がる面積約五一万二〇〇〇平方《メートル》の土地。南北約一二〇〇《メートル》、東西約四五〇《メートル》の敷地で、その北側は矩形ではなく円弧を

図53　「地質宮」と呼ばれる吉林大学地質学院

描いている。この敷地が、①大広場（敷地の南部分）、②政殿を中心とする内廷（敷地中央部）、③庭園（敷地の北部分）に三分された。中心は内廷であり、特に謁見室や宴会場を持つ政殿が重要な建物として最初に着工した。

建物を見てみよう。まず、正面（図53）に立てば、瑠璃瓦の大きな屋根が目に入る。現在、吉林《きつりん》大学地質学院の校舎として使われている建物は鉄筋コンクリート造四階建で、一階には地質に関する博物館が設けられ、見学可能である。

建物の中央には、朱塗りの円柱が六本並んでいる。見上げれば、軒先、柱頭、窓廻りは中国の伝統的建築の詳細を模した意匠になっている。そして、柱だけでなく、柱と柱を結んでいる貫《ぬき》材も含めて彩色が施されている。瑠璃瓦の大きな勾配《こうばい》屋根と中国建築の意匠を持った列柱によって特徴づけられたこのような外観は、一九三〇年代の中国では、宮殿式と呼ばれていた。戦後、この建物が長春地質学院に転用されたとき、地元では、この建物を地質宮と呼ぶようになったが、それは、この建物が人々には宮殿のように映っていたからである。
そびえ立つ柱の間を抜けて中に入れば、そこには、吹抜《ふきぬけ》のホールが広がっている。ホールの天井は格天井《ごうてんじょう》であり、天井を支える梁の下面には瑞雲が、梁の側面は中国の故事から採った絵が描かれている。ホール両側は、教室や図書館、教官の研究室などに使われている。

建設の経緯

ここで、この建物の建設経緯を紹介したい。建物の着工は一九三八年九月一〇日。しかし、一九三九年一一月二〇日には、満洲国政府によって土木建築統制要綱が決定され、建設資材の統制が始まった。宮廷とはいえ建設資材の不足は免れず、結局、一九四三年一月一日工事中止となり、溥儀は入居できなかった。

宮廷の設計に当たったのは満洲国政府の中に設けられた営繕需品局（後の建築局）営繕処の技師たちである。満洲国総務庁人事処編『満洲国官吏録 康徳四年版』（一九三七年）の「営繕処」の欄には、「処長　内藤太郎」「技正　宮廷造営科長　相賀兼介」「技正　工務科長　桑原英治」と記されている。技正は技師を意味する中国語である。

人事異動の謎

さて、これだけを見ると相賀兼介がいかにも新宮廷の設計を担当したかのように見える。ところが、同じく『満洲国官吏録 康徳五年版』（一九三八年）の「営繕処」の欄を見ると、「処長 桑原英治」「技正 宮廷造営科長 相賀兼介」「技正 工務科長 藤島哲三郎」と記されている。相賀兼介より下にいた桑原英治が営繕処長に就任した。

この人事異動は一九三七年一〇月におこなわれた。その伏線は、相賀兼介が欧州の地を旅行中に起きた。彼は、一九三六年七月、国務院から八ヵ月の日本および欧州出張を命ぜられていた。目的は「外国の官庁造営工事の視察」である。彼の出発はこの年の八月一八日で、新京（長春）から大連に向い、大連港を出発したのが九月二日。以後、青島《チンタオ》・上海・香港・シンガポールからインド洋・スエズ運河を経てマルセイユに着いたのが一〇月八日。フランスを振り出しに英・独・蘭・伊・墺など一三ヵ国を廻り、アメリカ・太平洋を横断して横浜に帰ったのが一九三七年四月一五日。この旅行中に営繕処の改組と人事異動がおこなわれた。同年四月一日、営繕処設計科長兼監理科長であった相賀は、宮廷造営科長に異動し、新たに設けられた工務科の科長に桑原英治が就いた。そして、同年九月一四日に処長の内藤太郎が急逝すると、同年一〇月一九日付で桑原が処長に昇任した。そして、実際に新宮廷の設計を担当したのは、工務科であった。当時、この営繕処に所属し、後に成吉思汗《ジンギスカン》廟《びょう》などを設計した葛岡正男（一九〇六～一九九五、一九三〇年東京帝国大学建築学科卒業）の回想によれば、この人事異動は、当時何かと建設工事に横槍を入れてくる関東軍に対して「顔の効く人物」を営繕処の中心に据えるためであったという。

工務科の設計案

工務科が担当した設計案はどんなものであったのか。葛岡によれば、建物の外観は、既に着工していた建国忠霊廟（日本の靖国神社に相当、一九四〇年竣工、図54）の拝殿を「拡大コピー」する要領で進められた。棟高が三〇メートル、これは「東京の丸ビ

図54　旧建国忠霊廟拝殿

ルが隠れるくらいの高さ」という漠然とした発案があったという。内部は、一階に謁見室、二階に宴会場を配し、地下は倉庫とした。一階・二階の天井高はいずれも八《メートル》。内装は京都の川島織物に発注された。川島織物発行『KAWASHIMA』一九八二年七月号には、「幻の満洲国宮廷」という記事の中に「饗宴場室内設計図」が掲載されている。饗宴場は周囲にコリント式の柱頭を持つピラスターが並んだ高さ八《メートル》の折上格天井を持つ部屋であった。

ところで、勾配屋根を架けたのは、「様式」の問題もさることながら、冬期の凍害対策でもあった。それまでに竣工していた官庁建築の陸屋根部分は積もった雪の凍結によってパラペットが外側に押し出されて破損する事故が相次いだ。そこで、建物全体に大きな勾配屋根を架けることにしたという。屋根を含めた全体の構造は鉄筋コンクリート造としたが、その構造には不安があったため、当時大陸科学院の教授をしていた小野薫に構造設計の確認を依頼した。宮廷全体の配置は葛岡が担当、実際の図面作成は藤井信武・加藤完の両氏がおこなった。葛岡は、度々、日本の宮内省に出張して意見を聞いた。

満洲国の崩壊と工事の中止

さて工程のどの段階で工事中止となったのか。葛岡の記憶によれば、躯体工事が完了していたという。しかも、勾配のついた大きな屋根もコンクリートの打設が終わっていたという。その後、工事は再開されることなく満洲国は崩壊した。国共内戦を経て一九四九年に中華人民共和国が成立すると、この建物は、長春地質学院に転用すべく、吉林省設計院によって残りの工事が進められた。吉林省設計院による工事において、葛岡たちが描いた図面が使われたか否か、現在では確認するすべもないが、もし、図面が使われているのであれば、竣工後、地質宮と呼ばれるに至ったことは、葛岡たちの設計によって宮廷建築としての外観が成立していたことを示していよう。

なお、かつて、宮廷前広場として計画されたこの建物の南側に広がる土地は、現在、市民が集う憩いの場となっている。

植民地建築が語る歴史

ここでは、建物などの人工物を、人間活動の所産という視点で考え、人工物が示す歴史を語ることにする。最初に取り上げるのは、旧朝鮮総督府庁舎と旧満鉄本社屋である。前者は、朝鮮王朝の王宮を壊して建設した庁舎であり、それが遠因となって、最終的には取り壊された建物である。後者は商業学校として建てられた建物を満鉄が改修増築して本社屋とした建物である。次に着目するのは、ハルビンに多数建てられたアール・ヌーヴォー、ビザンチン、中華バロック、という様式をもった建物であり、これらがハルビンの歴史を如実に語っていることを示したい。最後に、普段はほとんど気にかけることのないマンホールの蓋とレールを取り上げ、その面白さを披露したい。

変身した怪物とその後――韓国国立中央博物館（旧朝鮮総督府）

一九八七年七月、私はソウルで開かれた東アジアの近代建築に関する国際シンポジウム（韓国の雑誌社クンミンと大韓民国建築協会ソウル支部の共催）で三〇〇人の聴衆を前に講演する機会を得た。そのとき、「旧朝鮮総督府庁舎をどのように認識しているか」という会場からの質問に、「建築としていいものです」と答えて、会場に極度の緊張が走ったことを記憶している。もちろん、「侵略の事実は十分に認識している」と付け加えたが、会場は騒然となり、聴衆のほとんどが手を挙げて発言を求めた。結局、会場の混乱を心配した司会者が「今日は建築に関するシンポジウムなので、建築に関する話に限定したい」と発言して、シンポジウムは終わった。

建築と植民地主義

朝鮮総督府は、一九一〇年から一九四五年まで朝鮮半島を支配した植民地統治機関である。この期間を韓国では「日帝時代」と呼ぶ。日帝とは、日本帝国主義の略である。その植民地支配の最大の象徴は、朝鮮神宮と朝鮮総督府である。日本が敗戦を迎えたとき、その両者が韓国・朝鮮民衆の「打倒日帝」の攻撃目標になるのは当然のことであった。

ところが、朝鮮神宮は即刻壊されたのにもかかわらず、朝鮮総督府庁舎はその後五〇年も残っていた。大韓民国の成立後、この建物は政府庁舎（韓国中央庁舎）として使われ、一九八六年からは、韓国国立中央博物館に生まれ変わった。朝鮮神宮と同じように地上から姿を消したのは、一九九六年のことである。植民地支配の象徴から文化施設への変身を遂げ、その後取り壊されたこの建物を見ながら、日本の植民地建築について考えてみたい。

韓国国立中央博物館（旧朝鮮総督府庁舎）

日本が大韓帝国を滅ぼして朝鮮半島を完全な植民地としたのは、一九一〇年のこと。その支配機関が朝鮮総督府である。最初の総督府庁舎は、一九〇五年に設けられた統監府の庁舎（一九〇七年竣工）を利用した。しかし、植民地を支配・統治する機関の庁舎としては手狭であり、結局、当時の京城市街地に分散して数多くの分庁舎が設けられたが、それは不便であり、新庁舎の建設が早速計画された。

一九一二年には、朝鮮総督府庁舎の建設計画調査費が認められて、設計が始まり、紆余曲折の末、一九一六年に起工。竣工したのは一九二六年であった。構造は鉄筋コンクリート造、外壁に花崗岩を貼り、外観はネオ・バロック様式を基調としていた。

私は、この建物を四回訪れている。一回目は一九八五年の夏。そのとき、この建物は、韓国中央庁から韓国国立中央博物館へと転用するための改修工事中であった。韓国中央庁は移転しており、国家機密などないはずだが、警備は厳しく、建物だけでなく、塀に近づくことすらできなかった。

余裕を持ってこの建物の正面を眺めることができたのは三回目の訪問、一九八八年の年末だ。アジア大会、オリンピックと続いたビッグイベントも終わり、加えて観光もオフシーズンだったので、人気の少ないこの建物をじっくり見ることができた。以下、そのときの体験を基に、すでに取り壊されたこの建物を再現してみよう。

まず、正面（図55）である。正面は左右対称で、中央部分と両端部分を手前に張り出して強調し、さらに中央にはドームの架かる塔を設けている。当時、このような建築様式を日本語では「近世復興式」と呼んだが、それは西洋建築におけるネオ・バロック様式に相当する言葉である。ただし、一九世紀にヨーロッパで流行したネオ・バロック様式に比べると日本で建てられた近世復興式と呼ばれる建物は、形態や装飾を簡略化することが多かった。この建物の場合、中央部分に比べて両端を比較的小さくしていることが、本来のネオ・バロック様式とは異なる部分である。

図55　旧朝鮮総督府庁舎（韓国国立中央博物館，1988年撮影）

では、ジャイアント・オーダーの並ぶ玄関を通って中に入ってみる。最初に現れるのは、「正面広間」と呼ばれた場所である。ここはドームの真下である。見上げれば、そこには、ドーム状のステンドグラスが見える。その下を通って、先に進めば、かつて「大広間」と呼ばれた中央ホールがある。

大理石が美しい中央ホール

中央ホールは、三階吹き抜けの大空間（図56）であり、床にはさまざまな色合いの大理石を用いて、総面積約六六〇平方㍍のモザイクがつくられた。このモザイクをはじめとして、この建物の床や壁には、面積にして約四三〇〇平方㍍、一四種類の大理石が使われたが、それらのほとんどは朝鮮半島で産出したものであった。また、外壁に用いられた花崗岩は、ソウル・東大門外で産出したものであった。朝鮮総督府は、石材をはじめ使用材料の多くを朝鮮半島で産出するもので賄った。

そして、中央ホールは、戦前、戦後を通じて、儀式の場であった。特に、戦後、大韓民国が成立した時、この場所でその成立宣言が読み上げられた。また、以後この建物は韓国中央庁として永らく使われ、李承晩から全斗煥に至る歴代の大統領の就任式は、このホールでおこなわれた。

次は、竣工時には大会議室だったカフェへ向かう。この部屋は、朝鮮半島の統治に関する事項を決定するための御前会議を開く部屋であり、天皇が座る玉座が設けられていた。ただし、玉座に天皇が座ったことは一度もなく、そこには天皇の写真が置かれ、会議がおこなわれた。一九一

図56　旧朝鮮総督府庁舎の大広間（中央ホール，1988年撮影）

○年に制定の朝鮮総督府官制によれば、朝鮮総督は、親任官と呼ばれる日本の当時の官吏の中では最高の地位であった。親任官は、天皇が親署をもって直接任命する官職で、朝鮮総督の場合、天皇の代わりに統治するという意味でもある。したがって、この部屋に玉座が設けられた。博物館へ転用するための改修で、この部屋はカフェになったが、その際、部屋に東側壁面中央にあった玉座の座席と天蓋は復原されることなく、玉座背面の壁だけをきれいに塗り替えただけであった。

巨大なステンドグラス

さて、もう一つの見どころは、ドーム下に設けられたステンドグラス（図57）であった。このステンドグラスは、ドーム状に中央が盛り上がり、全体の面積が約九一平方メートルもある巨大さであった。設計は、当時、朝鮮総督府営繕課に所属し工事主任技師をしていた富士岡重一で、彼は総督府庁舎の設計・工事のためにヨーロッパに見学旅行している。彼は、その時、ドイツで流行していた無色グラスを多用したステンドグラスに興味を覚え、それを参考にしてこのステンドグラスを設計した。富士岡は、当時のドイツの建築をいろいろと参考にしていた。一九二〇年から富士岡の下で技手として働いていた矢野要さん（故人）は一九八五年、筆者に対して「富士岡さんの部屋にはドイツの雑誌が山と積まれていました。そのなかに、“Inner Architektur”という雑誌があって、それに掲載されたある建物の内装と全く同じ内装を総督府庁舎の中に発見した時は、さすがに驚きました」と当時のことを語ってくれた。

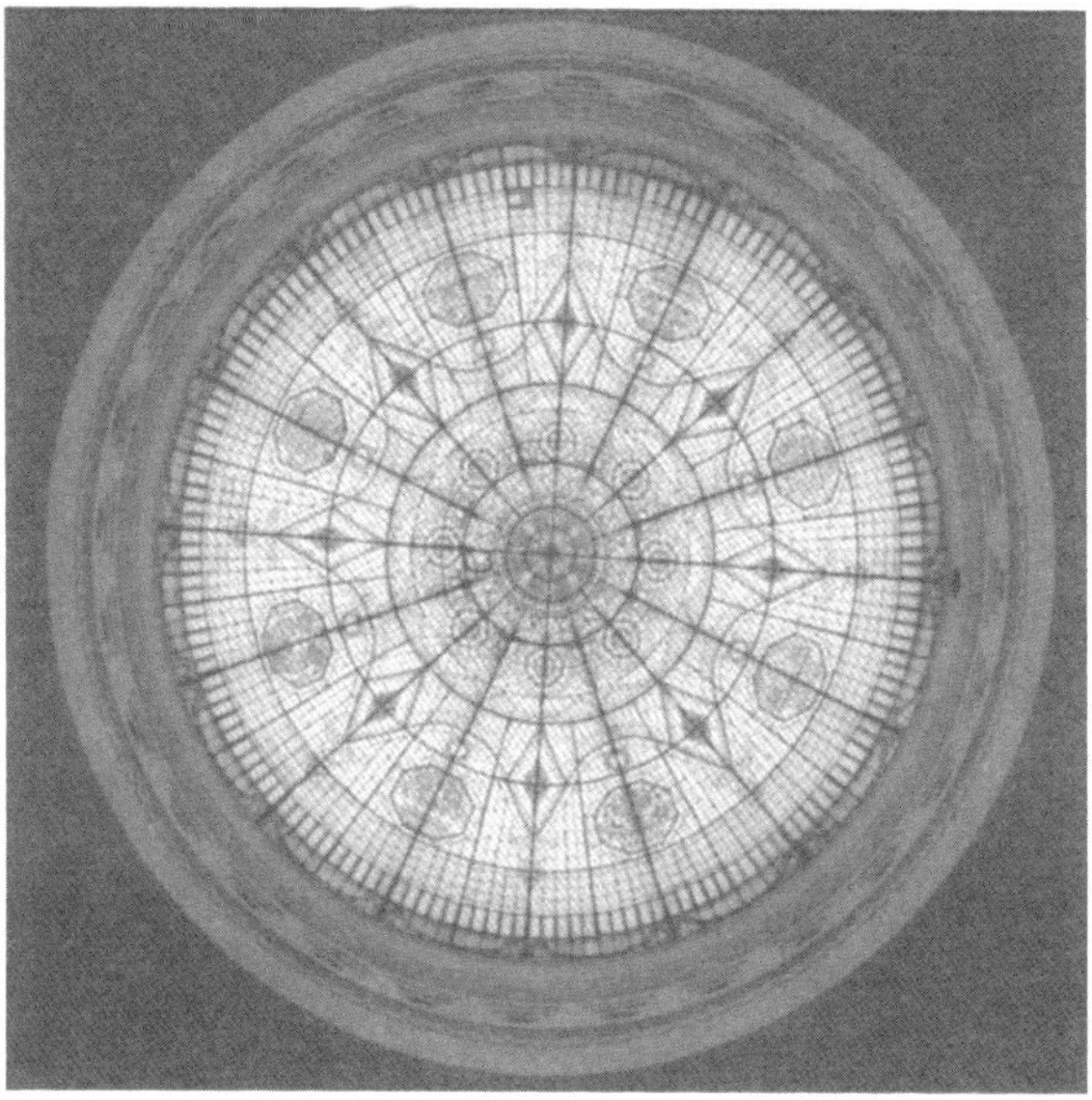

図57　ドーム下に設けられたステンドグラス（1988年撮影）

ところで、この建物を保存して博物館に改修するにあたっては、韓国国内で大きな議論があった。「日帝」の支配の象徴である以上、「壊せ！」という意見が出るのは当然であった。戦後の韓国建築界に一時代を築いて一九八六年に亡くなった建築家金壽根は、三〇代の頃、「壊して、使われていた石を舗石に変え、皆で踏んで歩けばよいと思った」（『日経アーキテクチャー』二四四号、一九八五年七月）という。

保存をめぐる論争

それが、結局、保存・再利用されるようになったのは、韓国の経済発展による植民地コンプレックスの解消、アジア大会とオリンピックの開催決定が大きな要因である。金壽根は先の発言に続けて「壊しても歴史は消えない。植民地時代のコンプレックスを脱しないままに壊すのだとしたら、意味が無い」と発言しているが、このような意見が文化施設への転用を可能にした。アジア大会、オリンピックの開催に合わせてソウルを訪れる外国人に韓国の歴史と文化を見せる施設が必要なことは誰もが思っていた。その施設として植民地支配の象徴であった旧朝鮮総督府庁舎を転用して使うことで、植民地時代のコンプレックスから脱することができると考えられたためである。

光化門をめぐって

さて、玄関を出るとそこには、王宮の正門である光化門が目に入る。この門は、私が建物を見た一九八八年当時、木造建築の外観を模した鉄筋コンクリート製の門であった。この門の歴史の歴史を見ながら、朝鮮総督府庁舎に対する批判を紹介したい。

朝鮮総督府が庁舎新築のために最初の予算を確保したのは、一九一二年のこと。その契機は、庁舎新築の敷地を確保したためであった。その敷地は、朝鮮王朝の王宮であった景福宮であり、庁舎は、景福宮の正門である光化門と正殿である勤政殿との間に割り込むような位置に新築された。しかも、光化門は庁舎新築に合わせて撤去される予定であった。これは、明らかに景福宮の破壊であった。したがって、朝鮮人が反発するのは当然のことだが、このような王宮の露骨な破壊に対して、日本人からも批判の声が上がった。

評論家柳宗悦《やなぎむねよし》は、一九二二年、雑誌『改造』に「失われんとする一朝鮮建築の為に」という文章を発表し、取り壊される運命にあった光化門を惜しみつつ、朝鮮総督府庁舎を「何等《なんら》創造的美を含まぬ洋風の建物」と酷評し、庁舎の敷地選定そのものを批判した。また、柳はこの文章の中で、日本と朝鮮の立場が逆転し、皇居（旧江戸城）の中に日本総督府庁舎が建てられれば、日本人は心安らかではないだろう、という例えを書き、朝鮮総督府庁舎の敷地選定が間違っていることを日本人に訴えた。しかし、この記事は、『改造』に掲載された際、重要な部分が伏字となり、柳の訴えが日本国内で流布することは少なかった。ところが、この文章は、当時の京城で発行されていた朝鮮語新聞『東亜日報』に朝鮮語訳が転載されたときには、伏字も訳されて転載された。

柳よりも強く朝鮮総督府庁舎新築に異を唱えたのが今和次郎《こんわじろう》であった。今は、一九二三年四月発行の『朝鮮と建築』に「朝鮮総督府庁舎は露骨すぎる」という文章を発表し、文中で「総督府庁舎として其の場所の選定が誤っている」と書いた。

このような批判に対して、朝鮮総督府が公式に意見表明した形跡はないが、庁舎の設計について、竣工時に責任者であった朝鮮総督府建築課長の岩井長三郎は、「官庁は何処《どこ》迄も官庁らしき真面目な容姿を見せるべきものであります。陳腐の難はあっても基礎をクラシックに置いた様式と云う考で、彼《か》の外観が出来ました」（岩井長三郎「新庁舎の計画に就いて」『朝鮮と建築』第五巻第五号、一九二六年五月）と述べ、自信を持っていたことをうかがわせる。また、文中にある「陳腐の難」という言葉は、柳の指摘した「何等創造的美を含まぬ洋風の建物」に対する応えとも読める。そして、この岩井の発言の後、庁舎竣工直前の一九二六年七月一四日、朝鮮総督府は光化門を完全に撤去するのではなく、景福宮東側に移築することを決めた。

戦後、光化門は、景福宮の正門として、再び移築され、元の位置に戻った。ところが、その後、焼失したため、一九六〇年代、朴正煕《パクチョンヒ》大統領の指示により、鉄筋コンクリート造で再建された。朝鮮総督府庁舎が国立中央博物館に転用されていた時期、その正門として存在していた光化門は、この時に建てられた鉄筋コンクリート造の門であった。

さて、韓国中央庁舎として使われていた旧朝鮮総督府庁舎が国立中央博物館に転用されるとき、

「ホールが若者たちの待ち合わせの場所になるのを期待している」と、改修工事の設計担当者は発言している。私は、この建物を三度訪れたが、いずれも、それに近い光景、すなわち、かつて玉座のあった大会議室を改修したカフェで韓国人のカップルがお茶を飲む様子を見た。この光景は、建築家金壽根が指摘する植民地時代のコンプレックスを脱したことを示していよう。

ところが、韓国政府にとっても国民にとっても課題であった景福宮の復原事業が本格化する中で、景福宮を破壊して建てられた旧朝鮮総督府庁舎は、その存在意義を失った。国立中央博物館として使用することで、植民地時代のコンプレックスから脱したはずであったが、景福宮の復原事業でもっとも邪魔な存在がこの建物であったことはいうまでもなく、撤去される運命となった。むしろ、植民地時代のコンプレックスから脱したがゆえに、取り壊す意味が増幅したともいえよう。

解体工事

そして、一九九五年八月一五日、歓声の中でドームの頂部が切り取られて地上に降ろされた。この日は、日本の敗戦から五〇年となった節目の日であり、この日から建物の解体工事が始まったということは、この建物の解体が、表向きは景福宮の復原事業を目的としながら、そこに、過去の払拭を重ねた韓国政府の意図が読み取れる。そして、復原事業のもう一つの目玉は、二〇一〇年八月一五日に竣工した光化門の復原だった。解体された鉄筋コンクリート造の光化門は、部材の一部が景福宮内の空き地に展示され、旧朝鮮総督府庁舎の部材の一部は、天安市の郊外に建設された独立記念館の庭に歴史の記憶を示す野外芸術作品として展示されている。

満鉄本社のその後

満鉄が鉄道会社でありながら、中国東北地方における実質的な支配機関であったことはすでに紹介した。その本社は、一九〇七年四月、東京から大連に移転した。移転当初は、旧ダーリニー市役所の建物を使い、一九〇八年からは、商業学校として建設途中にあった建物を改修して本社とした。この建物は、一九四五年まで満鉄本社として使用され、その後、中ソ共同経営の中国長春鉄路の建物を経て、中国国鉄の瀋陽鉄路局大連分局の建物となって現在に至っている。この間、建物の内部を見ることは不可能に近かったが、最近、建物の一部が満鉄旧蹟陳列館となり、事前予約を前提とし、かつての総裁室や会議室の見学ができるようになった。

現在の旧満鉄本社

旧満鉄本社は、大連の中心地となった中山広場から南東に延びる魯迅路を五分ほど歩いたところにある。建物は、煉瓦造二階建で、玄関を魯迅路に向けて開けている（図58）。玄関ホールを通り抜け、左手にある階段を上がれば、現在は満鉄の歴史を示す展示室となっている旧会議室の前に出る。展示室の内装は、公開に合わせて修復され、白地に金色を使った装飾が施されている。展示室（旧会議室）の西側には当時の家具をそのまま置いた旧小会議室、東側には旧総裁室がある。部屋には、初代総裁以下、歴代の総裁が使ったとされる机が置かれている。

満鉄がこの建物を本社として使用するに当たり、その改修設計を担当したのは、当時、満鉄本社建築係に所属していた太田毅であった。中国・遼寧省档案館に保管されている当時の資料を見ると、太田は、日露戦争直前に建設中だった商業学校の軀体を使いながら、外壁を独自に設計し、正面の玄関ポーチとそこに上る階段、建物の東側面に張り出した下屋を加えた。満鉄は、当時、改修前の建物について「露国半成建物」と記している。

ところで、満鉄が実質的な支配機関であったことを考えると、この本社屋はいかにも手狭である。また、満鉄創業時から一六年間も在籍し、本社建築課長を務めた小野木孝治によれば、この建物は「仙人掌《さぼてん》の増殖の如く累々たる平面」（小野木孝治「渡満当時の思ひ出」『満洲建築協会雑誌』八巻一号、一九二八年一月）であり、複雑な部屋の配置、換気や採光の悪さが指摘された。

図58　旧満鉄本社玄関

実施されなかった新築案

そこで、一九三二年、満鉄本社工事課長を務めていた植木茂は、工事課技術員であった長倉不二夫とともに、鉄骨鉄筋コンクリート造八階建、延床面積三万三四〇〇平方《メートル》の巨大な本社屋を建てる「本社新築案」を作成している。中国・遼寧省档案館には、この書類の原本が残っている。しかし、この案は実施されなかった。理由は定かでないが、この時期、満洲国政府の成立に伴って、満洲国国有鉄道の満鉄への経営委託が始まり、それに合わせて満鉄本社の社内組織の改編がおこなわれた。その結果、満洲国国有鉄道を担当する鉄路総局は、大連を離れ、奉天に移転し、大連に残った本社の満鉄内における存在感は著しく低下した。このとき、満鉄は、奉天に鉄路総局の社屋を新築したが、大連の本社は、本館と分館の増築だけがおこなわれた。その後、一九三七年には、鉄道附属地が撤廃され、鉄道附属地での都市経営もなくなり、満鉄本社の相対的な存在感はますます低下した。満洲国の成立が結果として、満鉄本社の新築を阻んだといえよう。

歴史を語る建築様式――アール・ヌーヴォー、中華バロック、ビザンチン

建築と流行

建築には、流行がある。そして、その流行は、ある時代の状況を如実に伝えることがある。そのような眼で東アジア各地の建築を見ると、世界的な流行に影響を受けて成立した建築と、東アジアという限定された範囲で流行した建築がある。前者の代表例は、アール・ヌーヴォー建築である。後者の代表例は「中華バロック」建築である。また、当時の政治や社会の状況を如実に反映した建築としてビザンチン建築がある。ここでは、それらに着目して、建築と歴史との関係を考えてみたい。

アール・ヌーヴォー建築の流入

まず、アール・ヌーヴォー建築である。東アジア地域へのアール・ヌーヴォー建築の流入は、ロシアの世界政策と連動し、その根源となったのは、ロシアが極東支配の拠点としたハルビンであった。ロシアの極東進出は、すでに

述べたように、無用の大地と思われていたシベリアにロシア本国と太平洋艦隊の拠点・ウラジオストクを結ぶ鉄道を敷き、欧亜間の人、物、情報の移動を握ることで、七つの海を支配した大英帝国に対抗するという壮大なものであった。このとき、シベリア鉄道の短絡線として敷設されたのが中国東北地方を横切る東清鉄道であった。ロシアは、東清鉄道が松花江《しょうかこう》と交わる場所に新たな拠点都市としてハルビンを建設し、そこから遼東半島の南端に向けて東清鉄道の支線を建設した。

この時、ハルビンに建てられた建物の多くがアール・ヌーヴォー建築であった。東清鉄道の建物としては、すでに「広場と官衙」の章で紹介した本社屋、さらに、ハルビン駅舎、鉄道技術学校校舎、幹部社員の社宅（図59）、という具合に、東清鉄道が建てた建物の多くがアール・ヌーヴォー建築であった。東清鉄道が、積極的にアール・ヌーヴォー建築を建てていったことは、東清鉄道の建設記録アルバムとして作られた“Альбом сооружений Китайской восточной железной дороги. 1897-1903г.”・（直訳すれば「東清鉄道建設写真集一八九七―一九〇三年」という意味）に掲載された建物の多くがアール・ヌーヴォー建築であったことからも確実であるが、それだけでなく、この写真集の装丁そのものがアール・ヌーヴォー様式の装丁になっている。

このように実質的にハルビンの都市経営をおこなった東清鉄道がこのようにアール・ヌーヴォー建築を建てたことで、民間の建物にもアール・ヌーヴォー建築が導入されていく。どの程度、

図59　東清鉄道の幹部社員用社宅

導入されたかといえば、東清鉄道が建設したハルビンの市街地のうち、特に商業地となったプリスタン（埠頭区、現在の道里区）では、約五〇〇《メートル》四方の場所に建物の外観全体がアール・ヌーヴォー様式になったものだけでも一〇棟、窓や玄関など部分的な場所にアール・ヌーヴォー様式が取り入れられた建物なら、五〇棟はあった。この比率を感覚的に示せば、この地区を一時間も歩けば、必ずアール・ヌーヴォー建築を見つけることができる、というものである。それほど、多いのである。

木製部材の多用

では、東清鉄道幹部職員住宅を例に、これらのアール・ヌーヴォー建築の特徴を考えてみよう。その一つは、木製部材と木製建具の多用である。アール・ヌーヴォー建築の発祥地であったベルギーやフランスでは、内装に木製部材を多用しても、外壁や窓廻りには鋳鉄が用いられることが多かった。ところが、ハルビンの場合、窓には木製サッシュが塡《は》められ、庇を支える持ち送りや柱頭なども木材が使われている。

このような木製部材の多用について、次のような理由が考えられる。ひとつは、当時のハルビンにおける材料調達の問題である。ハルビンの都市建設が始まった一九世紀末、この地方で大量に鉄材を確保することは困難であった。ベルギーやフランスのアール・ヌーヴォー建築における鋳鉄材の多用は、これらの地方で鉄鉱石と石炭が豊富であり、製鉄業が盛んであったことと連動していた。ところが、ハルビンでは、そのような豊富な鉄材を確保できる状況にはなく、それに代わって、使われたのが木材であった。

公的性格の施設

さて、ハルビンにおけるアール・ヌーヴォー建築の二つ目の特徴は、建物の用途に関することである。アール・ヌーヴォー建築の代表的存在である東清鉄道本社屋は、単に鉄道会社の本社機能を持っていただけでなく、鉄道附属地として成立したハルビン市街地の行政をおこなう機関を持っていた。いわば、市役所である。また、ハルビン駅は、ハルビンの中心駅であり、都市の顔というべき存在であった。さらに、市街地の中心に建てられたスケート場、ハルビン最大の繁華街キタイスカヤの中央に建てられたモデルンホテルなど、これらはいずれも公的性格を持った施設であった。このようにハルビンに建てられたアール・ヌーヴォー建築には、都市の顔となった建物や公的性格を持った建物が存在した。アール・ヌーヴォー建築の発祥地とされるブリュッセルやパリでは、アール・ヌーヴォー建築の多くは商店や住宅であり、都市の顔となるべき建物や公的性格を持った建物に使われる例は希有である。パリでは一部の地下鉄の出入口がアール・ヌーヴォー建築となったが、都市の顔となる規模の大きなものではなかった。言い換えれば、ハルビンの都市建設では、アール・ヌーヴォー建築こそが都市の顔として扱われたという解釈が妥当であろう。しかも、国策会社であった東清鉄道が積極的にアール・ヌーヴォー建築を建設していったことやそれを記録した写真集の装丁がアール・ヌーヴォー様式であったことは、東清鉄道がアール・ヌーヴォー建築、アール・ヌーヴォー様式に大きな意味を見出していたことに他ならない。それは、単に流行の様式を用いただけでなく、当時の最先端であったアール・ヌーヴォー建築を建てることが、帝政ロシアの支配力を誇示する結果につながるという判断があったと推察されよう。したがって、ハルビンに建てられたアール・ヌーヴォー建築は、帝政ロシアにとってウラジオストクや旅順に配備された艦船と同じ意味を持っていたといえよう。

図60　旧カフェ・ミニアチュール

特徴の三点目は、アール・ヌーヴォー建築が建てられた年代に関することである。ブリュッセルやパリを中心とした西欧のアール・ヌーヴォー建築は、一九世紀末から二〇世紀初頭の一〇年間程度、流行したものだが、一九一〇年代には流行を終え、一九二〇年代には確実に過去の様式となった。これに対してハルビンでは、東清鉄道による市街地建設が始まった一八九七年からアール・ヌーヴォー建築が建てられ始めた点では、ブリュッセルやパリと大差ないが、その終わりに大きな違いがあった。一九八八年からハルビン建築工程学院（現、ハルビン工業大学建築学院）の侯幼彬教授（当時）、劉松茯講師（当時）の研究グループがおこな

流行した年代

ったハルビン近代建築調査によれば、一九二〇年代に建設されたアール・ヌーヴォー建築が存在していたことが判明している。一つは一九二五年竣工の白系ロシア人事務局、もう一つは一九二七年竣工のカフェ・ミニアチュールである。前者は二一世紀になって取り壊されたが、後者はハルビン市政府によって保護建築に指定され、保存、再生されている（図60）。

このような一九二〇年代に建設されたアール・ヌーヴォー建築の存在は、ハルビンという都市において、アール・ヌーヴォー建築が、一過性の流行によって成立したものではなく、ハルビンを代表する建築様式として認識されたものといえよう。

日本の建築家の評価

さて、このハルビンのアール・ヌーヴォー建築は、欧米では、全く無視され、建築関係の書物に登場することはなかったが、日本では注目されていた。建築家三橋四郎は、ハルビンの建築物の感想を雑誌『建築世界』一九一二年七月号に寄稿し、アール・ヌーヴォーの他にビザンチン様式も含めてそれらを「哈爾賓建築の奇観」と称した（「広場と官衙」）。彼は、ハルビン駅を「ハイカラなセセション式」と評している。当時、三橋は外務省からの依頼を受け、奉天、長春などに新築された日本領事館の新築設計をおこなっていた。彼は監理の合間を縫ってハルビンに旅行していた。

また、建築史家村田治郎は「満洲建築」（東学社刊『最新建築工学5』一九三五年、に所収）の中で、「建築様式で興味があるのは、此の時期に佛蘭西《フランス》に新たに興つて活動してゐたアール・ヌーボー（Art Nouveau）建築運動の余波が満洲にも及んでゐた事実である。それも小余波でなく、恐らくパリ方面に於てさへ実現しなかつた程の大建築が建てられたのは、一つの驚異と言つてよからう」と述べている。村田治郎がいう大建築とは、すでに建て替えられて今はないハルビン駅、一時期はハルビンの行政機関を兼ねていた東清鉄道本社、そして旅順に建てられたロシア赤十字病院のことである。

三橋や村田にとって驚異であったのは、ハルビンのアール・ヌーヴォー建築には、規模の大きな建物があったことだ。それゆえに三橋四郎は「哈爾賓建築の奇観」の最後を「終りに望《のぞん》で私は日本人が露清に負けずに大建造物を建てて益々《ますます》発展するのを希望するのである」と結んだ。日清戦争、日露戦争の時代を生きた三橋にとって、建物で清やロシアと対抗するのが日本人建築家の使命であったといえよう。ベルギーやフランスでは、華やかさを持ったアール・ヌーヴォー建築であったが、ハルビンのアール・ヌーヴォー建築は、実に生臭い存在であった。

中華バロック建築

さて、このようなアール・ヌーヴォー建築を生みだしたハルビンの都市建設では、もうひとつ、新たな建築を生みだした。それが、後に中華バロック建築と呼ばれることになったものであった。

ハルビンで都市建設が始まったとき、実際に建設活動に従事した労働者の多くは中国人労働者であった。また、彼らに生活必需品を供給したのは、中国人商人であった。彼らの多くは、東清鉄道が行政をおこなっていた鉄道附属地内に住んだのではなく、鉄道附属地の外側に住み着いた。これは、ロシア人が実権を握っていた鉄道附属地に住むことを彼らが嫌った結果であるが、中国人との混住を好まなかったと見られるロシア人にとっても好都合であった。そして、特に中国人が集まり住んだのが、傅家《フジャ》甸《ディエン》と呼ばれたハルビン市街地の北東側の場所であった。甸とは中国語で郊外を意味する文字であり、傅家甸を意訳すれば、傅さんが所有する郊外の地、という意味である。実際に、一九世紀末、傅海山という人物がこの地を取得し、中国人相手に宿泊場所を提供していたことから、この名前が付いた。そして、一九〇七年、清はここに濱江庁という役所をおいて行政をおこなうようになった。この頃からロシア革命まで、ハルビンは急速に発展していくが、それに応じて傅家甸も発展していった。その時、市街地に出現したのが中華バロック建築と呼ばれる建築であった。それは、中国の伝統的な煉瓦造の技術と様式を使いながら、建物の外観に、西洋古典系建築に見られるジャイアント・オーダーやペディメントなどを配置し、あたかもバロック建築のように飾り立てた建築であった。

旧天豊源雑貨店

たとえば、一九一五年に天豊源雑貨店として建てられたとされる図61の建物を見てみよう。一階が商店、二階が住宅となっていることは、どこにでもある商店建築だが、その正面の形態は、実に特異なものである。

玄関の両脇にはカップルドカラム（同じ円柱を並列させること）を並べている。これそのものはバロック建築によく見られる手法である。しかし、その円柱は、禅宗様建築に見られる礎盤のような球の上に立ち、柱身（シャフト）の溝彫（フルーティング）が螺旋《らせん》状によじ昇り、柱頭には植物の葉が付いている。この葉がアカンサスの葉なら、西洋建築にかなり近い意匠なのだが、どう見てもアカンサスには見えず、むしろ、白菜に近い。そして、その上には、意味不明な球が乗り、さらに二本の柱を束ねるようにイオニア式の柱頭飾りが覆いかぶさっている。バロック建築のカ

図61　中華バロックの典型例である旧天豊源雑貨店

ップルドカラムでは、柱頭飾りは、一本の柱に一つ付けるものであり、二本柱を束ねることはしない。しかし、天豊源雑貨店では二本の柱を束ねて柱頭飾りがついている。このように、一見するとバロック建築の手法を使っているようにも見えながら、実際にはそれと程遠い意匠となっている建物が、この傅家甸には、多数ある。いや、正確に書けば、街中がこのような建物であるといっても過言ではない。一九八八年から、当時のハルビン建築工程学院（現、ハルビン工業大学建築学院）と清華大学、東京大学とが共同でおこなったハルビン近代建築調査の過程では、ハルビンの道外区、すなわちかつての傅家甸に、このような建物が多数存在することが判明したので、これらの建物をまとめて中華バロック（中華巴洛克）建築と呼ぶことにした。

バロック建築との類似

バロック建築という言葉を使ったのは、これらの建物の外観の意匠が、多分にバロック建築の手法に基づいていると判断したためであり、それを決定づけたのが、すでに紹介した旧天豊源雑貨店であり、これから紹介する旧同義慶百貨商店（図62）であった。

旧同義慶百貨商店は、一九二〇年に建てられた建物であり、現在は病院として使われている。建物は四階建だが、外壁の構成は、二階と三階を一層とし、建物の外壁を三分割する手法で作られている。それを最もよく示しているのが、入口のある建物の角の部分である。建物は、もともと角地に建つ百貨店であるので、入口を建物の角に設けている。そして、入口の両側には、イオニア式のカップルドカラムが立っている。カップルドカラムの上には、二階三階を貫く長さのコリント式ジャイアント・オーダーと呼ばれる付柱が立ち上がっている。ジャイアント・オーダーに支えられるかたちでコーニス（軒蛇腹《のきじゃばら》）が廻り、その上がアティック（屋階《おっかい》）になっている。

図62　旧同義慶百貨商店

　このような外壁の構成は、バロック建築の典型的手法である。しかし、ジャイアント・オーダーには、柱の途中に節があり、弦が巻きついて、装飾となっている。その二本のジャイアント・オーダーに挟まれた壁は、本来ならバルコニーを突き出した窓を開けるのが定法だが、窓はなく、かつては店の名前を縦書きに記したと思われる扁額《へんがく》がはめ込まれ、その周囲は一面に花が咲いている。

　このように、中華バロック建築は、壁面の全体構成では、バロック建築の手法を取りながら、詳細な意匠では、西洋のバロック建築では見ることのできない「奇怪な」意匠を用いることが多い。

成立の背景

ここで、中華バロック建築が成立した背景を考えてみよう。

ハルビンの鉄道附属地で市街地建設が進み始めた一九世紀末、傅家甸には小規模な中国家屋しかなかった。しかし、鉄道附属地での建設活動や経済活動が活発になると職を求めて集まる中国人も急増した。その結果、一九一〇年代から、傅家甸では市街地拡張と既存市街地の整備が始まった。そして、ロシア革命の混乱によるロシア商人の経済活動の低下は、相対的に中国商人の経済力を伸ばすことになり、傅家甸の建設に拍車がかかった。

そうした中国商人達の目に映ったのは、ハルビン市街地に次々と建てられていく西洋建築であった。とすれば、自分達もそのような西洋建築を建てたいというのは自然な願望である。そこで、彼らは中国人の職人達に同じような建物を建設させたのであるが、建築というのは、大雑把な外観だけでなく構造や詳細な意匠を理解しなければ同様のものを建てることは難しい。傅家甸の建物を建てた中国の職人達は、ロシア人達が建てた西洋建築の外観だけを模倣した。ところが西洋建築を根本から理解していたわけではないから、目に見えるかたちだけを職人たちが自分なりに理解していった。当然、「誤解」も生じ、その結果、西洋建築とは似て非なる建築が出現した。たとえば、アカンサスの葉に飾られるコリント式の柱頭にアカンサスの葉ならず白菜のような野菜を乗せてしまうのはその典型である。円柱の柱礎に中国建築の柱礎を使ってしまうのも同様だ。

このような現象は、ハルビンの傅家甸だけではなく、瀋陽、北京、天津、上海、武漢、アモイ、広州、など、中国のあちこちに見られる。これらに共通していることは、外国による支配地と隣接する中国人主体の市街地に成立したことである。たとえば、瀋陽では、満鉄の奉天鉄道附属地や外国資本の銀行や商店が開設された商埠地に隣接した張作霖政権下の奉天城内に成立し、天津では列強の租界と隣接した旧城内、北京では列強の在外公館が集中した東交民巷に隣接した西交民巷、という具合である。これは、中華バロック建築の手本となった西洋建築が身近に存在した地区で成立した建築であるといえよう。

日本の擬洋風建築

ところで、中華バロックの成立と似た現象は、明治維新の日本にも見られた。各地に建てられた擬洋風建築がそれである。ただ一つだけ異なる点は、建てられた時期であり、それに起因する意匠の差である。言い換えれば、手本とした西洋建築の違いであった。中華バロックの成立が二〇世紀になってからであるのに対して、日本の擬洋風建築は、一九世紀後半から建てられていく。そのため、手本となった西洋建築にも時代の差があり、一方で装飾過多な中華バロックが成立し、一方で簡素な擬洋風建築が成立した。

ビザンチン建築とロシア正教会

さて、ハルビンに成立したもう一つの建築がロシア正教会の聖堂に用いられたビザンチン建築である。

帝政ロシアの極東支配の拠点となったハルビンには、多数のロシア正教会の聖堂が建てられた。帝政ロシアでは、ロシア正教が国教となっており、しかも東ローマ帝国（ビザンチン帝国）の制度を引き継いで、皇帝が教会の最高権力者である教皇を兼任するという「皇帝・教皇制度」を採っていたため、政治と宗教が著しく結び付いた状態が二〇世紀初頭のロシア革命まで存続していた。したがって、ロシアの拠点となったハルビンにもロシア正教会の聖堂が林立することとなったのである。

戦前のハルビンで建てられたロシア正教会の聖堂は、一九八〇年代におこなわれたハルビン建築工程学院の侯幼彬教授（当時）の調査によれば、一九三〇年代末までに二五棟。また中国におけるギリシア正教会の歴史を記した張綏著『東正教和東正教在中国』（一九八六年）によれば一九三〇年までに一九棟建設されたとされる。ハルビン最初の聖堂が一八九八年の建設であるから、一年半に一棟の割合で聖堂が建設されたことになる。

ハルビン最初のロシア正教会の聖堂は、香坊という場所に建てられたニコライ聖堂という名の小さな木造聖堂であった。一八九八年六月、アレクサンダー・ジュラフスキー（Александр Журавский）という神父がハルビンに到着、八月には東清鉄道の仮社屋のあった香坊に最初の聖堂を建設した。当初名前のなかったこの聖堂はこの年の暮れにニコライ聖堂と命名された。

二番目に建てられたのが、中央寺院と呼ばれる聖堂。その名の通りハルビンの総本山であり、ハルビンの官庁街として建設されつつあった南崗の中心地に建設された。塔の上にギリシア正教会特有のねぎ坊主をのせた木造聖堂で、外観の様式はロシア本国（ヨーロッパ・ロシア）各地に見られるビザンチン式であるが、その細部にはアール・ヌーヴォーの意匠も採り入れられている。規模は大きく、中央にそびえる塔の高さは三六メートルであった。一八九九年一〇月一日に起工し、義和団事件の影響を受けながら、一九〇〇年一二月五日に竣工し、聖ニコライ大聖堂（Свято-Николаевский Собор）と命名された。「哈爾賓建築の奇観」（『建築世界』六巻七号、一九一二年六月に所収）という文章を記した三橋四郎は、これを「尖塔の葱花形は普通であるが其前面の三個並んで居る葱花形の群は実に奇抜である、正面入口上のゲーブルも亦《また》露式独特の妙味がある」と評した。この聖堂は、ハルビン駅、東清鉄道本社とともに「ハルビンの顔」であったが、一九六六年八月、紅衛兵によって引き倒されてしまった。

最高傑作・ソフィスカヤ寺院

ハルビンに現存する聖堂の中での最高傑作はソフィスカヤ寺院（Софийская Церковь, 図63）であろう。一九二三年に起工したが、建設資金の調達に手間取ったために竣工は一九三二年。この聖堂の前身は、一九〇七年別の地に建てられたロシア軍の狙撃師団付属の木造の小聖堂であり、その師団が引き上げるときに、現在の地に移転新築されたのが、この聖堂である。建物は煉瓦造で、その様式は、ロシアで発展した後期ビザンチン式と呼ばれるものである。その典型は、モスクワのクレムリンの前にそびえる聖ワシリー寺院である。

さて、このソフィスカヤ寺院が、ハルビンに建てられたロシア正教会の聖堂として群を抜いて

図63　ソフィスカヤ寺院

いるのは、その迫力と完成度である。中央の塔は、高さ五三メートルであり、これは、普通のオフィスビルなら一六階から一七階に相当する。延床面積は七二一平方メートルである。この数値を聞いても実感がわかないが、聖堂の収容人員が二〇〇〇人という数値を聞くとその大きさがよくわかる。そして、ロシア正教会の聖堂は、ギリシア正教会の流れを引き継ぎ、ビザンチン様式になるのが一般的である。それは、ギリシア十字と呼ばれる間口・奥行き方向の長さが等しい十字形平面を基本とし、その中央部分にできた正方形平面の場所を聖所と呼ぶ儀式の空間とする。聖所の屋根には、聖所をつくる正方形に内接する円を平面形状とするドームが架かる（図64）。ソフィスカヤ寺院は、ハルビンに現存するロシア正教会の中で、ビザンチン様式の特徴をもっともよく示す存在である。

さて、ソフィスカヤ寺院は、戦後、周囲に建物が建てられて、街路から見にくくなった時期もあり、また、私が初めてここを訪れた一九八五年では、自動車修理工場の倉庫として使われていたが、窓ガラスは割れ、開口部が板で塞がれるなど、無残な姿を呈していた。しかし、その後、この建物がハルビンを代表するビザンチン様式の建物として評価されるに及び、一九九六年には国家重点文物保護単位（国指定重要文化財に相当）に指定された。そして、翌年、ハルビン市政府は、聖堂の周囲を都市公園として整備し、それに合わせて、聖堂を一般公開している。

このソフィスカヤ寺院の他にも、四棟の聖堂が残っている。一九〇八年竣工のウスペンスキー寺院、一九一二年竣工の初代アレクセーエフ寺院、一九三〇年竣工のウクライナ寺院、一九三五年竣工のアレクセーエフ寺院（二代目）の四棟である。ウスペンスキー寺院はロシア人墓地に建てられた小規模な聖堂で現在は文化公園という公園の中に在る。初代アレクセーフ寺院は木造の小さな寺院で現在は縫製工場になっている。

結局、ハルビンの経済的繁栄が続いた一九三〇年代末までに二五棟にものぼるロシア正教会の聖堂が建てられた。その中には監獄の中に建てられた聖堂もあった。ハルビン在住のロシア人の

図64　ソフィスカヤ寺院の聖所

人口は一九二二年の一五万五〇〇〇人を最高に以後は減少の一途をたどったが、聖堂の建設は衰えることなく続いたのである。林立したねぎ坊主は、当時、日本人に比べてはるかに裕福であったハルビン在住ロシア人の経済力の象徴のひとつであった。

歴史を示すモノ――マンホールの蓋とレール

マンホールが語るもの

次は、都市の歴史を示すモノを見てみたい。一つはあちこちにあるマンホールの蓋、もう一つは鉄道のレールである。

マンホールは、地下に埋設された都市生活に必要な施設（infra-structure たとえば上下水道、ガス、電話など）を維持管理するために不可欠なものであり、マンホールの蓋にはその施設の建設主体や管理者などの情報が記載されている。つまり、マンホールの蓋を見れば、その地域の歴史がある程度理解出来る。

満鉄建設のマンホールの蓋

たとえば、満鉄沿線に設定された鉄道附属地にはそれを示すマンホールの蓋が残っている。図65は、満鉄が建設した下水道のマンホールの蓋である。蓋の中央に描かれたレールの断面とアルファベットのMを組合せた図柄は満鉄の社章

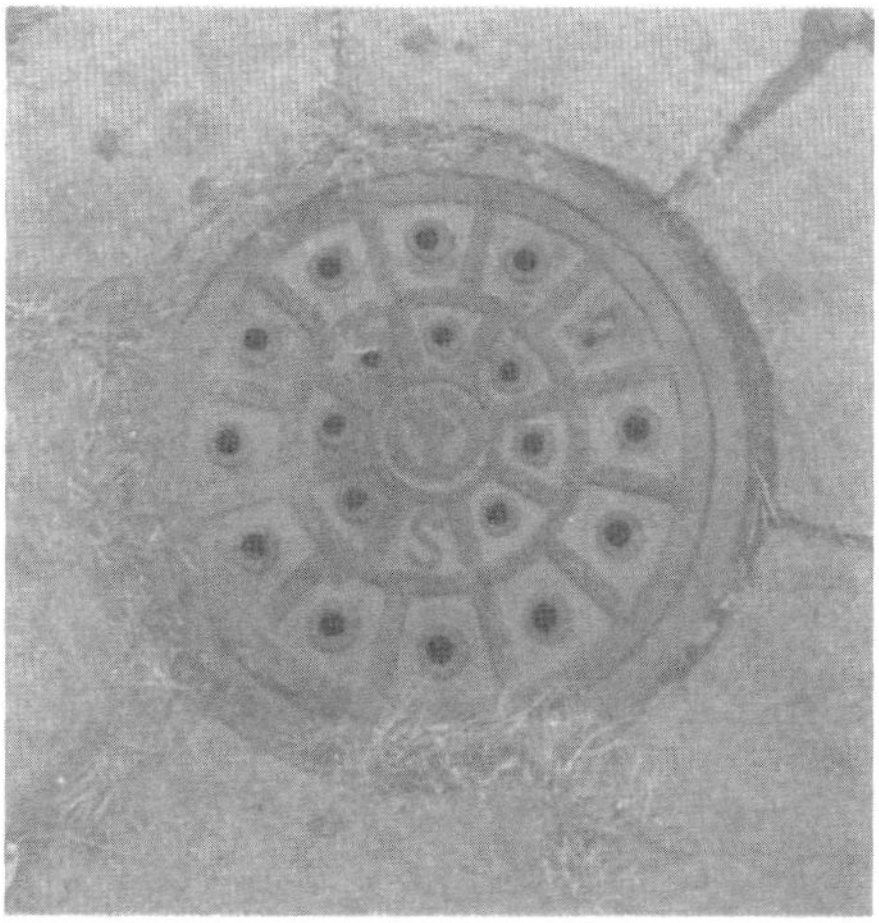

図65　満鉄の社章が入ったマンホール蓋

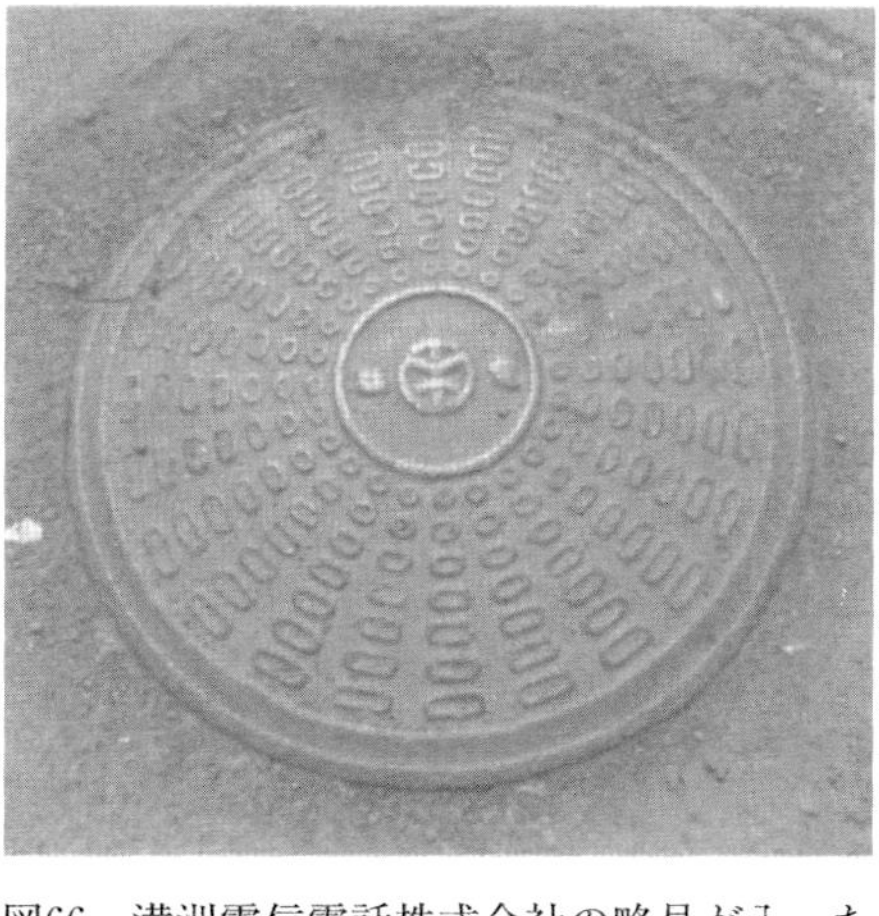

図66　満洲電信電話株式会社の略号が入ったマンホール蓋

である。社章の下に書かれたSは、下水を意味する英語の“sewage”の頭文字と見られる。このようなマンホールの蓋は旧満鉄鉄道附属地の各地に見ることができる。いや、逆にいえばこのマンホールの蓋が見られる所は旧満鉄鉄道附属地であるといえる。

また、満鉄は都市防火の観点から、鉄道附属地に上水を供給するのに合わせて消火栓を設置した。その蓋には、消火栓を示す“HYDRANT”と“water”を示す“W”が書かれている。

図66は、電話ケーブルのマンホールの蓋。中央に描かれているMTTを図案化したマークは、満洲電信電話株式会社（満洲電電）の社章。MTTは、Manchuria Telegram and Telephoneの略称である。満洲電電は、満洲国内の電信電話業務を一元的に管理・運営するために満洲国政府がつくった「特殊会社」である。

その他のマンホールの蓋

では、欧州列強の支配地のマンホールの蓋は、といえば、上海の旧共同租界には、“S. M. C/P. W. D”と記されたものがある。これは、“Shanghai Municipal Council Public Works Department”の略である。このマンホールの蓋は、上海特有の形かと思えば、上海の共同租界を実質的に支配していたイギリスにも同じ形のものが存在している。また、列強の租界が肩を並べた天津では、旧イタリア租界にイタリア語が記入されたマンホールの蓋があり、旧フランス租界にはフランス語で“Concession Française”と記されたマンホールの蓋がある。旧イギリス租界にも“BC”と記入されたマンホールの蓋がある。“BC”は“British Concession" の略である。

青島《チンタオ》に行くと、ドイツの青島総督府がつくったマンホールの蓋を見ることができる。蓋の中央には、"TW" と書かれているが、これは青島水道を意味する "Tsingtau Wasserleitung" の略であろう。

ハルビンには、ロシア語表記のマンホールの蓋があった。蓋には、"KB" と刻まれていたものがある。これは、ハルビンの都市建設を実質的に進めた東清鉄道のロシア語名 "Китайской Восточной Железной Дороги" の頭文字の二字であろう。

東清鉄道はユニークなタイルを造っていた。ハルビンで一九〇六年に建てられたモスクワ商場という名の市場の玄関に敷き詰められたタイルには "KBЖД" というロシア語が描かれている。これは、東清鉄道のロシア語名の頭文字に他ならない。すなわち、この建物も東清鉄道によって建てられたということが判断できる。この建物は、その後、一九二二年に博物館に転用されたが、このタイルは一九八九年の改修まで、玄関の床に貼られていた。

建物に比べれば小粒ではあるがマンホールの蓋をはじめとする小物件は、建物同様にその地域の歴史を語る証人である。

レールが語る歴史

さて、マンホールの蓋と同様に鉄製で、歴史を示す存在としてレールがある。かつて、ハルビン市街地の西側には、東清鉄道が建設した鉄道工場が

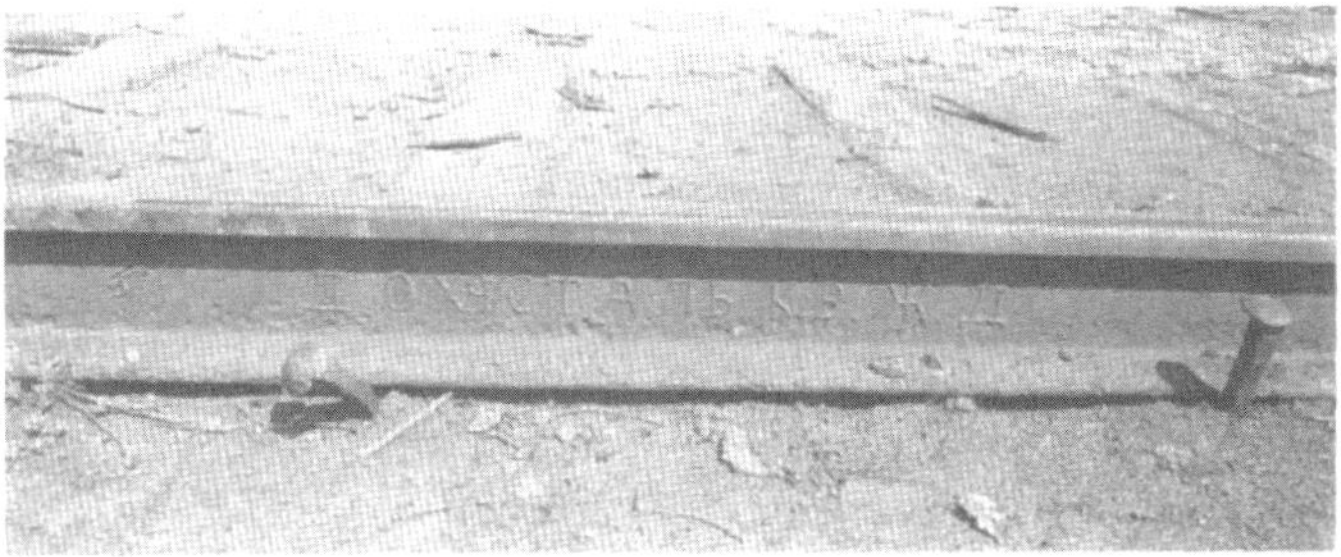

図67　東清鉄道の略号が入ったレール（1990年撮影）

あった。一九世紀末に建設された東清鉄道のうち、長春以南は、日露戦争の結果、日本に譲渡され南満洲鉄道となった。満洲国成立後、一九三五年には満洲国が長春以北の鉄道を買収し、その経営を満鉄に委ねた。満洲国崩壊後、これらの鉄道は、中国とソ連の共同経営による中国長春鉄路となり、一九五二年になって中国側に利権がすべて返還され、国家鉄道部の管理する鉄道となった。鉄道工場もその組織に組み込まれ、哈爾濱車輌工廠となった。二一世紀になって、鉄道工場は郊外に移転し、現在は、跡地に数棟の建物と給水塔だけが保存され、他は、商業地開発がおこなわれている。

　私は、一九九〇年、当時、現役の工場として稼働していた鉄道工場内に入る機会を得た。工場内に敷かれた引き込み線のレールを注意深く見ると、その中には、ロシア語が刻まれたレールがあった（図67）。レールには、“Д. О. X 97. СТ. А Ль. К. В. Ж. Д.”と刻まれている。これは、一八九七年一〇月製造のものである。この他にも“Д. О. VIIII 97. СТ. А Ль. К. В. Ж. Д.”、“Д. О. VIII. 1904 СТ.

А Ль. К. В. Ж. Д.〟と記されたものがある。一八九七年といえば、東清鉄道が実際に建設工事を開始した年である。本線の東端でウスリー鉄道との接続点である綏芬河にて地鎮祭がおこなわれたのが一八九七年八月四日であるから、時を同じくしてレールの製造が進められていたことがわかる。

ところで、レールに限らず鋼材にはその製造会社を記すのが国際的な慣習であるが、この慣習に従えばこれらのレールは全て東清鉄道の自社製ということになる。なぜこんなことを強調するかというと、一般に鉄道会社が自らレールを製造する例は少なく、多くは製鉄会社によって生産されたレールを購入して敷設する。たとえば日本の鉄道の場合、八幡製鉄所が操業を始めるまでは、欧米諸国からの輸入に頼っており、八幡製鉄所操業開始後は同社製のレールが日本の鉄道にお目見得するようになる。またドイツが建設した膠済《こうさい》鉄道には兵器製造で有名なクルップ社製のレールが使われており、満鉄はカーネギー社のレールを使っていた。しかし、東清鉄道は自らレールを製造したのである。

ところで、レールは単に線路に敷かれるものではない。レールもまた一般の鉄骨材として使われる。たとえばホームの上屋、柱も梁も小屋組みも全てレールの再利用などという場合が意外に多い。後日、そんなことを考えて瀋陽駅（旧奉天駅）の庇《ひさし》の下を歩いていたら、隣にいた妻が「あ！　ロシア語。」と叫んだ。見上げれば、庇を支える鉄骨に〝VIII 98 СТ. А Ль. К. В. Ж. Д.〟と記されている。南満洲鉄道（満鉄）も例外なくレールを再利用したようだ。しかも、かつての敵国ロシアのレールを。

戦利品レールの不思議

もう少し話を脱線させよう。「敵国ロシア」といえば、日露戦争の思わぬ副産物にレールがある。日本軍が東清鉄道沿線を占領したとき、戦利品としてそのレールを日本に持ち帰った。それらの一部が、どういう経路を辿ったのか、日本の鉄道にそのままレールとして敷設された。この話、鉄道ファンの間では有名な話として語り継がれ、実際に東武鉄道や名古屋鉄道にはその「戦利品レール」が使われているのを何人もの鉄道ファンが確認している。私の身近なところでは、名古屋鉄道の電車が発着する豊橋駅三番線の屋根を支える鉄骨にも"К. В. Ж. Д."と記されたレールが使われている。

マンホールの蓋やタイル、レールは、建物に比べれば地味な存在であるが、そこに記された情報は、一九世紀後半から二〇世紀前半の東アジアの歴史をよく示している。

植民地建築のその後――エピローグ

東アジアを転々としたこの建築紀行は、植民地建築という概念の下に多数の建築を紹介してきた。締め括りとして植民地建築のその後について記しておきたい。

植民地建築が、同時にそれぞれの地域において近代建築としての性格を持つことは、プロローグで紹介したとおりである。それゆえに、植民地建築が歩んだ戦後の歴史は一様ではなかった。いったんは積極的に再利用されながら、最終的には取り壊された旧朝鮮総督府庁舎の例もあれば、旧台湾総督府庁舎のように戦後も庁舎として使われて指定文化財となって今日に至っている建物もある。また、建物本体を維持しながら中庭に屋根を架けて床面積を確保しながら機能を維持している旧大連医院の例もある。

旧朝鮮総督府庁舎に対して、韓国では絶えず取り壊しの議論が浮上したが、これは、旧朝鮮総督府庁舎が韓国人にとっては絶えず植民地支配の象徴として「負の遺産」と認識され続けてきたからである。一九八六年のソウル・アジア大会を契機にこの建物は保存再利用が決定し、国立中央博物館として開館したが、一九九〇年からかつての朝鮮王宮（景福宮）の復元要求が各界から起こり、再び取り壊しの対象となった。この建物が李王朝の王宮を破壊するかたちで侵略者の手で建てられたという過去をずっと背負ってきたのである。韓国政府が取り壊し工事を日本降伏から五〇周年にあたる一九九五年八月一五日から始めたことは、その歴史を象徴していよう。

ところが、この建物を取り壊しても、植民地支配を受けたという事実が韓国の歴史から消えることはない。また、この建物が王宮を壊して建てられたという事実も消えることはない。取り壊された旧朝鮮総督府庁舎の部材の一部は、忠清南道天安市にある独立記念館に運ばれ、その敷地に設けられた庭園内に「沈鬱歴史場」と題した野外芸術品として飾られている（図68）。韓国政府には、部材を展示することで、支配の事実を後世に伝える意図が存在している。また、復原された景福宮にある案内板は、かつてこの地に朝鮮総督府庁舎が建てられたことを記している。そこには、旧朝鮮総督府庁舎を壊してみて初めて気がつく事実があった。

一方、旧満鉄大連医院の事例は、「負の遺産」と見られているはずの植民地建築が、それ以外の評価を受けていることを示す例である。二〇〇二年、この建物は大連市政府によって大連市重点保護建築に指定された。文化財指定されたのである。

同じことは、台北でも起きていた。旧台湾総督府庁舎をはじめ、旧台湾専売局庁舎、旧台北州庁舎、など、日本による台湾支配に密接に関わった建物は、植民地支配に直結した「負の遺産」のはずだった。しかし、それらは一九五〇年代から中華民国の政府機関に転用された。ここには、二つの意味があった。一つは、台湾総督府から国民党政権への権力の移行を示すという政治的パフォーマンスである。もう一つは、国共内戦で疲弊した国民党政権にとって現実的選択、すなわち、必要な庁舎をすぐには新築できない、という現実があった。

図68　韓国独立記念館の庭園におかれた旧朝鮮総督府庁舎の部材

ところが、二一世紀を迎える時期になって、それらの建物が文化財指定を受けた。台北を中心に台湾の近代建築に関する調査が進み、これらの建物に対する多様な評価が可能になった結果であり、植民地建築を台湾の近代建築に組み込んだ結果であった。

このような動きは、外国の支配を受けてきた東アジアの各地で、一九八〇年代半ばから生じてきた。ハルビンでは、一九八四年、市内に立つ七四棟を保護建築に指定し、二本の街路、一つの広場、一街区をそれぞれ保護街路・広場・街区に指定した。これらは全てハルビンの都市建設が開始された一八九七年から中華人民共和国が成立した一九四九年までに建てられた建築とそれらが軒を連ねる通りと広場である。ハルビン市政府による保護建築の指定は、これらを単に文化財として保護するのではなく、これらを都市景観の構成要素として認識し、都市再開発に利用しようという発想に基づいている。この発想が植民地建築を負の遺産から正の遺産へと転換させた。ハルビンのように都市建設が開始されて現在に至るまでの歴史の半分が支配された歴史である都市にとって、植民地建築の否定はその建築史にも空白をつくり、現在の建築の存在基盤をも奪うこととなり、新たな都市計画は不可能である。この制度は、二〇〇一年に改正され、保護建築の周囲に新築される建物にも規制が加えられるようになった。また、この間、指定物件は増え、二〇〇九年には、二五二棟の建物と一四街区が保護の対象となった。

同じ頃、かつて東アジアの経済の中心であった上海でも、その中心地である外灘《ワイタン》（バンド）に立ち並ぶ建物の保存を決めている。上海市都市計画局は、一九九二年、横浜市建築局と共同で上海の建築ガイドブック『上海近代建築ガイド』（日本・中国・英語並記）を発行したが、ここに収められた一一〇棟の建物の中の八八％は一九世紀後半から一九四九年までに建てられた近代建築と呼ばれる建物であり、その多くは外国人が租界に建てたいわゆる植民地建築である。

一九九〇年代には、このような動きが東アジアの各地で始まった。これは、各地での近代建築に関する研究の深化とその成果の一般社会への還元に支えられている。ソウル、台北、ハルビン、天津、上海ではすでに研究者による近代建築に関する多数の出版物が刊行された。こうした動きが植民地建築を負の遺産から正の遺産に変身させ、植民地建築に新たな使命を付加した。特に、台北の事例は、この典型例である。

これらに共通していることは、各地で植民地建築を直視する人々が増えたことである。憎しみの対象でしかなかった植民地建築に対して、冷静に直視することで、植民地建築に対する的確な批評をおこなうことができるようになり、また、旧朝鮮総督府庁舎のように取り壊された事実も直視することで、その存在を再認識し、新たに気づく事実を認識する人々が増えてきた。

植民地建築と向かい合うことは、日本人にとって日本の支配と向かい合うことである。台北、ソウル、大連を訪れて、残存する植民地建築を見ることで実感する事実があり、植民地建築は日本の支配を改めて考え直す機会を与えてくれる。植民地建築を使い続けることは、支配を受けた人々にとって、支配を受けたという事実を後世に伝えながら、その歴史を乗り越える糧である。植民地建築の過去と現在を歴史教育の題材として使うことができるなら、歴史認識をめぐる東アジア諸国の軋轢《あつれき》は解消されるであろう。そこに植民地建築の新たな存在意義が生まれ、未来が開けるはずである。

あとがき

子供の頃、隣家のおじさんが台湾に旅行した。今から四〇年以上も前のことである。兄が、「外国に行くには米ドルを持っていくのだ」と私に言い、二人で「米ドル」を見るため、隣家に行った。しかし、この時期は、日本国内で外貨所持には制限があり、このおじさんも肝心の米ドルは出国時に空港で受け取るとのこと。がっかりして帰ってきた記憶がある。同じ頃、アメリカは月に人を送り込み、月の石を持ち帰っていたが、子供の私にとって、台湾と月は、同じ距離感、いずれも、はるか彼方の別世界だった。海を渡ることと、地球から飛び出すことが、子供の私には、同じ行為に見え、「米ドル」が別世界に行く切符にように思えた。この時、自分が長じて、海外旅行や海外居住の機会を得るようになるとは、夢にも思わなかった。

ところが、研究テーマとして日本の植民地建築とがっぷり四つで組むに至り、海外調査は必要不可欠となった。大学院の博士課程に進学した一九八五年からしばらくの間、毎年、韓国、中国、台湾へでかけていった。そして、一九八八年から約三年間は、北京で生活した。帰国後、故郷の豊橋で教職に就いたが、今度は、ロンドンなどヨーロッパに一〇ヶ月間、生活する機会に恵まれた。ロンドンでは、日本では体験できないことをしようと思い、煉瓦造のセミ・ディタッチド・ハウスに住んだ。

こうして海外経験を重ねると、一〇〇年前、海外に渡った日本人とは、どのような人々だったのか、いつも考えるようになった。また、多数の日本人が生活していた台北、京城（現、ソウル）、大連で、実際にどのような生活が展開していたのか、疑問はとどまることなく浮かび上がってきた。そこで、自分自身が歩き、見た都市と建築で得た体験をさまざまな視点から整理してみようと思った。そんなことを考えていたら、拙著『日本植民地建築論』（名古屋大学出版会、二〇〇八年）を見た吉川弘文館の永田伸さんから連絡をいただき、植民地建築を題材にした選書執筆の依頼を受けた。幸い、一九八八年からほぼ四年間、『亜鉛鉄板』という鉄鋼業界の月刊誌に「建築めぐり」と題した文章を書く機会に恵まれたため、これを基に執筆することとした。

ところが、大きな問題が生じた。『亜鉛鉄板』に連載した「建築めぐり」の写真は、その当時、撮ったもので、経済発展著しい東アジアの都市では、都市も建物も現状と異なる状況を紹介することになってしまう。それを考えながら、再度、文章を読み始めたら、稚拙な解説や間違いも多いことに気づいた。そこで、二〇〇九年、二〇一〇年、の二年間で、時間とお金をやりくりしながら、ソウルを皮切りに、仁川、群山、台北、ハルビン、長春、瀋陽、大連を再び訪れた。そして、そこで得た体験を基に本書の目次を作り、白紙からの執筆となった。結局、この作業に二年以上かかり、入稿は大幅に遅れた。吉川弘文館にはご迷惑をおかけした。この場を借りて、出版のためにとっていただいた労に感謝するとともに、入稿の遅れをお詫びしたい。

さて、四半世紀にわたって進めてきた日本の植民地建築に関する研究は、『日本植民地建築論』を著すことで、結実したつもりであった。ところが、同書を基にした話題を選書化してほしいという旨の依頼が四社から立て続けに届いた。そこで、研究の社会還元を兼ねて、これらの依頼を受けることとした。

その一冊目は、『日本の植民地建築』（河出書房新社）として二〇〇九年一〇月に刊行した。二冊目が本書であり、紀行文の体裁をとったのは、すでに記したように『亜鉛鉄板』に連載した「建築めぐり」が紀行文であったためであり、かつ、かつての植民地を旅行する方々へのメッセージであったからである。その伏線は、『日本の植民地建築』の「はじめに」をご覧いただければ、理解していただけると思う。

こうして本書はできあがった。そして、今回もまた、多くの方々の協力の賜物であった。日本近代建築に関する多数の書籍を所蔵する東京大学生産技術研究所の旧藤森研究室・村松研究室の皆さん、特に資料の複写や閲覧でお世話になった谷川竜一さんや速水清孝さん、いつも私の質問に丁寧につきあっていただいている建築史家の堀勇良さん、ハルビン、長春、瀋陽、大連の調査でお世話になった劉松茯先生、李之吉先生、陳伯超先生、包慕萍さん、満鉄旧蹟陳列館の皆さん、たびたび韓国訪問に付き合っていただいた尹仁石さん、ソウル駅改修工事の見学をさせていただいた安昌模さん、台湾での調査に協力していただいた黄俊銘さん、黄士娟さん、葉俊麟さん、これらの多くの調査に同行してくれた砂本文彦さん、台湾大学のキャンパスを一緒に歩いていただいた写真家の増田彰久さん、瀋陽を一緒に歩いた松重充浩さん、澁谷由里さん、上田貴子さん、韓艶さん、『日本植民地建築論』の翻訳を手掛けている金基守さん、など、多くの方々に謝意を表したい。

また、名古屋大学で同じ研究グループを構成する片木篤先生や堀田典裕先生からは、大学での日々の付き合いの中で多くの示唆をいただいた。そして、本書執筆の遠因となった『日本植民地建築論』の執筆を始めた二〇〇三年から現在まで名古屋大学に所属していた鈴木千里さん、呉茵さん、柳澤宏江さん、安藤由里子さん、近藤以久恵さん、井上麻香さん、谷田侑実子さん、古林延章さん、朴光賢さん、張衍義さん、木戸広太さん、森田慧さん、本史子さん、平岡なつきさん、廣瀬友香さん、松尾公介さん、陳雲蓮さん、大原綾乃さん、酒井秀規さんには、日々の付き合いの中で刺激を与えてくれたことに感謝したい。さらに、いつも心の支えになっている家族にも感謝したい。

なお、本書掲載写真の一部は、大林都市研究振興財団平成二〇年度国際交流助成「中国東北地方の都市における建築遺産の保存と活用に関する研究―瀋陽とハルビンにおける事例研究」および二〇〇九年度前田記念工学振興財団による助成研究「日本植民地建築の戦後における状況と評価に関する研究―台北・ソウル・大連における事例研究」の一環において各地を訪れた際に撮影したものである。合わせて、謝意を表したい。

次は、残る二冊の執筆依頼に応えるとともに、植民地建築研究と並行して進めてきた地方都市の近代建築、ドライドックなど港湾施設、そして濃尾地震など過去の災害に関する研究についても、社会への還元を考えていきたい。

二〇一一年五月二〇日

西澤泰彦

主要参考文献（雑誌や新聞の掲載記事、学術論文、地図、資料は省略）

建築に関する書籍

大韓帝国度支部建築所『建築所事業概要第一次』一九一〇年
日本実業興信所編輯部編『日鮮満土木建築信用録（第四版）』日本実業興信所、一九二五年
東大建築学科・木葉会編『東京帝国大学工学部建築学科卒業設計図集』洪洋社、一九二七年
朝鮮総督府編『朝鮮総督府庁舎新営誌』
高橋豊太郎・高松政雄・小倉強『高等建築学一五巻 建築計画（其の三）ホテル・病院・サナトリウム』常盤書房、一九三三年
西村好時『銀行建築』日刊土木建築資料新聞社、一九三三年
中村勝哉編『安井武雄作品譜』城南書院、一九四〇年
関野 貞『朝鮮の建築と芸術』岩波書店、一九四一年
上田純明編『高岡又一郎翁』杉並書店、一九四一年
中村勝哉編『西村好時作品譜』城南書院、一九五〇年
尹 一柱『韓国・洋式建築八〇年——解放前編』冶庭文化社、一九六六年
森井健介『師と友—建築をめぐる人びと』鹿島出版会、一九六七年
満鉄建築会編『満鉄の建築と技術人』一九七六年

鈴木博之『建築の世紀末』晶文社、一九七七年
稲垣栄三『日本の近代建築――その成立過程（上・下）』鹿島出版会、一九七九年
藤森照信『日本の建築〔明治・大正・昭和〕3 国家のデザイン』三省堂、一九七九年
山口　廣『日本の建築〔明治・大正・昭和〕6 都市の精華』三省堂、一九七九年
伊藤ていじ『谷間の花が見えなかった時』彰国社、一九八二年
山口　廣『自由様式への道・建築家安井武雄伝』南洋堂、一九八四年
近江　栄『建築設計競技――コンペティションの系譜と展望』鹿島出版会、一九八六年
李　乾朗『台湾建築史』北屋出版事業股份公司、一九八七年
博物館明治村編『妻木頼黄と臨時建築局』名古屋鉄道株式会社、一九八八年
越沢　明『満州国の首都計画』日本経済評論社、一九八八年
越沢　明『哈爾浜の都市計画』総和社、一九八九年
中村與資平展実行委員会『ドームを抜ける蒼い風』一九八九年
常　懐生『哈爾濱建築芸術』黒龍江科学技術出版社、一九九〇年
村松　伸『上海―都市と建築』ＰＡＲＣＯ出版、一九九一年
汪坦・藤森照信監修『中国近代建築総覧哈爾濱編』中国建築工業出版社、一九九二年
藤森照信『日本の近代建築（上・下）』岩波新書、一九九三年
石田潤一郎『都道府県庁舎――その建築史的考察』思文閣出版、一九九三年
汪坦・藤森照信監修『中国近代建築総覧瀋陽編』中国建築工業出版社、一九九五年

汪坦・藤森照信監修『中国近代建築総覧大連編』中国建築工業出版社、一九九五年
西澤泰彦『海を渡った日本人建築家』彰国社、一九九六年
藤森照信・汪坦監修『全調査東アジア近代の都市と建築』筑摩書房、一九九六年
李　乾朗『20世紀台湾建築』玉山社出版事業股份有限公司、二〇〇一年
李之吉ほか著『長春近代建築』長春出版社、二〇〇一年
堀　勇良『外国人建築家の系譜（日本の美術四四七号）』至文堂、二〇〇三年
黄　俊銘『総督府物語――台湾総督府暨官邸的故事』遠足文化事業股份公司、二〇〇四年
橋谷　弘『帝国日本と植民地都市』吉川弘文館、二〇〇四年
孫　禎睦（西垣安比古・市岡実幸・李終姫訳）『日本統治下朝鮮都市計画研究』柏書房、二〇〇四年
青井哲人『植民地神社と帝国日本』吉川弘文館、二〇〇五年
西澤泰彦『図説「満州」都市物語』河出書房新社、二〇〇六年増補改訂
黄　俊銘『台北賓館之風華再現』中華民国外交部、二〇〇六年
砂本文彦『図説ソウルの歴史――漢城・京城・ソウル都市と建築の六〇〇年』河出書房新社、二〇〇九年
黄　俊銘『台北賓館的百年見證』中華民国外交部、二〇〇九年
後藤治監修『図説台湾都市物語』河出書房新社、二〇一〇年
木方十根『「大学町」出現――近代都市計画の錬金術』河出書房新社、二〇一〇年
後藤新平殁八十周年記念事業実行委員会編『シリーズ後藤新平とは何か――自治・公共・共生・平和

――都市デザイン』藤原書店、二〇一〇年

植民地支配や国際関係に関する書籍

加藤祐三『黒船前後の世界』岩波書店、一九八五年
大江志乃夫ほか編『岩波講座近代日本と植民地（全八巻）』岩波書店、一九九二年
山本有造『日本植民地経済史研究』名古屋大学出版会、一九九二年
竹内常善他編『近代日本における企業家の諸系譜』大阪大学出版会、一九九六年
波形昭一郎編『近代アジアの日本人経済団体』同文館、一九九七年
秋田茂・籠谷直人『一九三〇年代のアジア国際秩序』渓水社、二〇〇一年
産経新聞「日本人の足跡」取材班『日本人の足跡――世紀を越えた「絆」を求めて』産経新聞社、二〇〇一年
山本有造編『帝国の研究――原理・類型・関係』名古屋大学出版会、二〇〇三年
山本武利ほか編『岩波講座「帝国」日本の学知（全八巻）』岩波書店、二〇〇六年

《台湾関係》

台湾総督府官房文書課編『台湾写真帳』一九〇八年
台湾銀行編『台湾銀行二十年誌』一九一九年
山本三生編『日本地理大系十一巻台湾編』改造社、一九三〇年
伊藤博文編『台湾資料』秘書類纂刊行会、一九三六年

名倉喜作編『台湾銀行四十年誌』一九三九年
黄　昭堂『台湾総督府』教育社、一九八一年

《朝鮮・韓国関係》

朝鮮総督府鉄道局編『朝鮮の鉄道』朝鮮鉄道協会、一九二八年
山本三生編『日本地理大系十二巻朝鮮編』改造社、一九三〇年
朝鮮総督府内務局土木課『朝鮮港湾要覧』一九三一年
朝鮮総督府『施政二十五年史』一九三五年
朝鮮銀行史研究会編『朝鮮銀行史』東洋経済新報社、一九八七年
多田井喜生『朝鮮銀行――ある円通貨圏の興亡』ＰＨＰ研究所、二〇〇二年
宮嶋博史ほか編『植民地近代の視座　朝鮮と日本』岩波書店、二〇〇四年

《満洲・中国東北地方関係》

満洲日日新聞社編『南満洲写真大観』一九一一年
大連民政署『大連要覧』一九一五年
萩原昌彦『奉天経済十年史』奉天商業会議所、一九一八年
関東都督府官房文書課『関東都督府施政誌』一九一九年
南満洲鉄道株式会社編『南満洲鉄道株式会社十年史』一九一九年
植田梶太編『奉天名勝写真帳』山陽堂書店、一九二〇年
関東庁編『関東庁施政二十年』一九二六年

哈爾濱商品陳列館編『哈爾濱案内（第七版）』一九二六年
菊池秋四郎ほか編『奉天二十年史』奉天二十年史刊行会、一九二六年
満鉄編『南満洲鉄道株式会社第二次十年史』一九二八年
山本三生編『日本地理大系別巻満洲及南洋編』改造社、一九三〇年
関東庁編『関東庁要覧』一九三三年
関東局編『関東局施政三十年誌』一九三四年
大連市役所編『大連市史』一九三六年
関東局文書課編『関東局施政三十年業績調査資料』一九三七年
関東局文書課編『関東局施政三十年誌』一九三七年
南満洲鉄道株式会社総裁室地方部残務整理委員会編『満鉄鉄道附属地経営沿革全史』一九三九年
杉山公子『哈爾濱物語』地久館、一九八五年
張綏著『東正教和東正教在中国』学林出版社（上海）、一九八六年
財団法人満鉄会編『南満洲鉄道株式会社第四次十年史』龍渓書舎、一九八七年
当代瀋陽城市建設編輯委員会編『瀋陽城市建設大事記』当代瀋陽城市建設編輯室、一九八七年
北岡伸一『後藤新平――外交とビジョン』中央公論社、一九八八年
満洲中央銀行史研究会編『満洲中央銀行史』一九八八年
井上勇一『鉄道ゲージが変えた現代史』中央公論社、一九九〇年
山本有造編『「満洲国」の研究』緑蔭書房、一九九五年

柳沢　遊『日本人の植民地経験――大連日本人商工業者の歴史』青木書店、一九九九年
山室信一『キメラ――満洲国の肖像（増補版）』二〇〇四年
山本有造編『「満洲」記憶と歴史』京都大学学術出版会、二〇〇七年

用語解説

アティック（attic）……西洋建築における軒より上方にある部分を指し、日本語では屋階と呼ぶ。一般的に屋根裏部屋になることが多い。

アバクス（abacus）……柱頭上部に置かれた方形の平板で、その上に架かる水平材を支える。

カップルド・コラム（coupled column）……西洋建築において二本の円柱を一対にして使用した柱のこと。特に、バロック建築に多用された。

組物（くみもの）……日本建築において、柱の上部にのせ、軒を支える部材。斗（ます）、肘木（ひじき）、桁などで構成される。六世紀後半における仏教建築の伝来によって日本に流入したとされる。中国建築における斗栱と呼ばれる部材が原形である。

ゲーブル（gable）……切妻屋根や入母屋屋根など両勾配屋根の端にある外壁の三角形の部分。西洋建築ではこの壁が屋根より上方に建ち上がることがあり、さまざまな形態にデザインされることが多い。

コーニス（cornice）……西洋建築における壁面の最上部、または、壁面を区切る①にある装飾が施された水平帯のこと。日本語では、蛇腹と呼び、外壁の最上部にあれば軒蛇腹、中間的な位置で外壁の上下を区切る場合は胴蛇腹と呼ぶ。また、西洋古典系建築におけるペディメントの三角形の底辺をかたちづくる部位を指すこともある。

長押（なげし）……柱と梁によって造られるフレームの補強として、柱を外側から挟み込む水平材。当初は、補強材であったが、徐々に意匠化し、現在では一般的に意匠材であることが多い。

貫（ぬき）……柱と梁によって造られるフレームの補強として、柱に穴をあけて通した水平材。

鼻（はな）……部材の端部を一般的に鼻と呼ぶ。特に、彫り物が施され、装飾化したものを木鼻（きばな）と呼ぶ。

パラペット（parapet）……建物の屋上に建ち上げた低い壁。特に、陸屋根の場合、雨水処理の都合から、パラペットを設けることが多い。

ペディメント（pediment）……西洋建築における切妻屋根の妻部分にある三角形の壁。または、窓や出入口上部につけた切妻形状の飾り。ギリシャ、ローマ建築やバロック建築で多用される。

著者紹介

一九六〇年、愛知県に生まれる
一九八三年、名古屋大学工学部建築学科卒業
一九九三年、東京大学大学院博士課程修了
現在　名古屋大学環境学研究科准教授

主要著書

『図説「満洲」都市物語―ハルビン・大連・瀋陽・長春』（河出書房新社、一九九六年）『海を渡った日本人建築家―20世紀前半の中国東北地方における活動』（彰国社、一九九六年）『図説満鉄―「満洲」の巨人』（河出書房新社、二〇〇〇年）『日本植民地建築論』（名古屋大学出版会、二〇〇八年）『日本の植民地建築』（河出書房新社、二〇〇九年）

歴史文化ライブラリー
330

植民地建築紀行
満洲・朝鮮・台湾を歩く

二〇一一年（平成二十三）十月一日　第一刷発行

著　者　西《にし》澤《ざわ》泰《やす》彦《ひこ》
発行者　前田求恭
発行所　株式会社 吉川弘文館
東京都文京区本郷七丁目二番八号
郵便番号一一三―〇〇三三
電話〇三―三八一三―九一五一〈代表〉
振替口座〇〇一〇〇―五―二四四
http://www.yoshikawa-k.co.jp/

印刷＝株式会社 平文社
製本＝ナショナル製本協同組合
装幀＝清水良洋・大胡田友紀

歴史文化ライブラリー

1996.10

刊行のことば

現今の日本および国際社会は、さまざまな面で大変動の時代を迎えておりますが、近づきつつある二十一世紀は人類史の到達点として、物質的な繁栄のみならず文化や自然・社会環境を謳歌できる平和な社会でなければなりません。しかしながら高度成長・技術革新にともなう急激な変貌は「自己本位な刹那主義」の風潮を生みだし、先人が築いてきた歴史や文化に学ぶ余裕もなく、いまだ明るい人類の将来が展望できていないようにも見えます。このような状況を踏まえ、よりよい二十一世紀社会を築くために、人類誕生から現在に至る「人類の遺産・教訓」としてのあらゆる分野の歴史と文化を「歴史文化ライブラリー」として刊行することといたしました。

小社は、安政四年（一八五七）の創業以来、一貫して歴史学を中心とした専門出版社として書籍を刊行しつづけてまいりました。その経験を生かし、学問成果にもとづいた本叢書を刊行し社会的要請に応えて行きたいと考えております。

現代は、マスメディアが発達した高度情報化社会といわれますが、私どもはあくまでも活字を主体とした出版こそ、ものの本質を考える基礎と信じ、本叢書をとおして社会に訴えてまいりたいと思います。これから生まれでる一冊一冊が、それぞれの読者を知的冒険の旅へと誘い、希望に満ちた人類の未来を構築する糧となれば幸いです。

吉川弘文館

〈オンデマンド版〉
植民地建築紀行
満洲・朝鮮・台湾を歩く

On Demand
歴史文化ライブラリー
330

2021年（令和3）10月1日　発行

著　者　西《にし》澤《ざわ》泰《やす》彦《ひこ》
発行者　吉川道郎
発行所　株式会社　吉川弘文館
〒113-0033　東京都文京区本郷7丁目2番8号
TEL　03-3813-9151〈代表〉
URL　http://www.yoshikawa-k.co.jp/

印刷・製本　大日本印刷株式会社
装　幀　清水良洋・宮崎萌美

西澤泰彦（1960～）

ISBN978-4-642-75730-0